まえがき

内田樹

みなさん、こんにちは。内田樹です。

『若者よ、マルクスを読もう』も番外編の『マルクスの心を聴く旅』を含めて、巻を重ねること四巻目となりました。ここまで続くとはほんとうにびっくりです。ご愛読くださった読者のみなさんと編集の松竹伸幸さんに感謝いたします。

たしかに「『共産党宣言』から『資本論』まで、マルクスの全著作を俯瞰するようなかたちで、中学生、高校生にも読めるマルクス入門のための本を書こう」という壮図をもって始まった企画でした。口ではそういう壮大なプランを語りながらも、心の中ではなんとなく「途中で挫折するんじゃないかな……」と思っておりました（黙っていて、すみません）。だって、「若者よ、マルクスを読もう」ですからね。若者たちが「やだよ」と言ったら、それっきりです。

本書の企画が出たのは何よりも「若者たちが全然マルクスを読まなくなった」というきびしい現実があったからです。「市場のニーズ」というものがないことを前提に始まった企画ですから、「やっぱり全然ニーズがなくて、返本の山でした」ということになっても誰を恨むこともできません。

しかし、意外なことに、二〇一〇年に出た『若マルⅠ』がロングセラーとなって、三年後には角川ソフィア文庫に収録されることになり、さらに韓国語、中国語に訳されるという椿事が起きました。マルクスについての本を読んでくれる若者がこれだけいたのです。これは「椿事」と呼んでよろしいかと思います。特に中国語訳が出たというのが驚きでした。

韓国語訳が出るのはわかるんです。韓国にはマルクス研究の蓄積がありませんから。李氏朝鮮の後は日本に併合されて、植民地支配を受け、日本からの独立後は朝鮮戦争があって、マルクス主義は「敵性思想」に認定され、反共法が一九八〇年まで存在して、マルクスを読むだけで懲役刑という国だったのです。マルクスの研究が蓄積されるはずがない。

ですから、僕たちの書いたような「マルクスのテクストを噛んで含めるように逐条的に解説し、かつその歴史的意義を俯瞰する」という本に対して「ああ、こういう本が読みたかったんだ」と思ってくれる読者がそれなりの数いたことは理解できます。

でも、中国語訳が出たのは意外でした。中国は仮にも社会主義国です。マルクス主義は公認の政治思想です。マルクス研究の「本場」のはずです。そこで僕たちが書いたマルクスの概説書がベストセラーになった（らしいです）。

こちらもたぶん、「こういう本」がなかったということが理由だと思います。今の中国社会でも、もちろん若者に向かって「マルクスくらい読んどけ」ということを言う人はいると思います。でも、それは党官僚とか知識人とか学校の先生とか、総じて「権力サイドの皆さん」であって、若い人はそういう「上から目線」の、説教じみた要請に対しては内心では「うっせえな」というリアクションをしてきたんじゃないでしょうか（想像ですけど）。でも、僕らの本はぜんぜん「偉そう」ではありません。「偉そう」どころか、どちらかというと若い人たちに「とりすがる」という態度です。「お願い、読んで」とにじり寄るようなライティング・スタイルで貫かれています。著者二人がマルクスを心から尊敬していて、叡智の書物を押し戴くように読んでいて、読むと「いいことあるよ」と若い人たちをお誘いしている。こういう素朴な敬慕の念と教化的善意のみに駆動されて書かれたマルクス入門書というのは中国でも、それ以外の社会主義国でも、あまりお目にかかることがないのではないかと思います（たぶん）。

という思いがけない展開になったせいで、『若マル』は続いて出版されることになり、番外編で池田香代子さんとご一緒に回ったドイツ〜イギリスの旅では（僕は8泊9日全日程風邪ひきで、高熱を発したまま移動し、講演をし、対談をするという悪夢のような日々でしたけれど）、思いがけず、「マルクスとアメリカ」という本書のアイディアのきっかけが得られました。

マルクスについて書かれた解説書は無数にありますけれど、日本語で書かれたものの中には「マルクスとアメリカ」だけに論点を絞った論考というのはたぶん存在しないだろうと思います。もちろん、英語やドイツ語の文献なら探せばあるかも知れません。

本書でも触れましたけれど、ヨーロッパからアメリカに移民した社会主義者たち、いわゆる「四八年世代（フォーティ・エイターズ）」の活動について、『ニューヨーク・デイリー・トリビューン』のホレス・グリーリーとマルクスのかかわりについて、アメリカに本部があった時代の第一インターナショナルの活動についてなどなど、調べてゆくうちにもっと知りたいと思うトピックはたくさんありました。きっとアメリカの歴史学者の中にこれらについて論文を書いている人たちはいると思います。でも、僕の年齢を考えると、これ以上資料を集めて、それをまとめるだけの時間はなさそうです。誰か志のある若い人がこの研究を続けてくれることを願っています。

一つだけ書き加えておきたいことがあります。それはもしかするとアメリカでマルクスの再評価が始まるかもしれない……というちょっとわくわくするニュースです。

僕は『フォーリン・アフェアーズ・レポート』というアメリカの外交専門誌の日本語版月刊誌を定期購読しています（日本のメディアがまず書くことのない「アメリカの本音」が赤裸々に吐露されているので、「宗主国」の人々が今何を考えているのかを知るにはまことに便利な道具です）。その今月号の巻頭論文が「マルクスの世界」と題されたもので、そこにはこんなことが書いてありました。

「ソビエトとその共産主義モデルを採り入れた諸国が次々と倒れたにも関わらず、マルクスの理論は依然としてもっとも鋭い資本主義批判の基盤を提供し続けている。特筆すべきは、マルクスが、この四〇年間のように、政府が対策をとらない場合に先鋭化する資本主義の欠陥と弊害のメカニズムを理解していたことだ。マルキシズムは時代遅れになるどころか、現状を理解する上で必要不可欠の理論とみなされている」（ロビン・バーギーズ、「マルキスト・ワールド　資本主義を制御できる政治形態の模索」、『フォーリン・アフェアーズ・レポート』、No.8, 2018, p.7）

アメリカではあと少しでＡＩの導入による巨大な規模の「雇用喪失」が見込まれています。控えめな予測で一四％、不穏な予測で三〇％の雇用がオートメーション化で失われる。失業した人たちを「機械化で失職するような先のない業界に就職した本人の自己責任だ」といって路上に放り出した場合、アメリカの路上を数百万を超えるホームレスがうろつくことになります。市場は縮減し、経済は破綻し、治安も公衆衛生も悪化し、行政サービスも途絶えた『マッド・マックス』的終末論的光景が広がることになる。なんとかして完全雇用の手立てを講じないと、そういう破局が到来することはもう目に見えているのです。でも、新技術を導入して人件費コストを削減することを企業経営者に断念させることはできません。ここで政治と経済が対立する。

資本主義社会のさまざまな矛盾は「富裕化する資本家」と「窮乏化する労働者」の絵に描いたような対立として尖鋭化しています。資本主義が延命するためには、どこかで市場原理の支配を抑制し、資本財を広く社会層に分配し、完全雇用を実現するための政策的介入を行わなければならない。「そういうこと」を僕たちは学生時代から何万回も読んだり書いたりしてきましたけれど、同じ言葉をアメリカの政治学者やエコノミストが口にする時代になったということにはもう少し驚いてよいのではないかと思います。

最後になりましたけれど、今回も「マルクスとアメリカ」という難物をみごとに料理してみせてくれた石川康宏先生の技の確かさに心から敬意を表したいと思います。

石川先生がかちっと学術的に確かな読解をして、僕がふらふらと思いつきを語るというこの分業体制も始まって九年となりました。僕が思いついた変てこなアイディアをどこまでも追いかけてゆけるのも、石川先生の絶妙のアシストがあってこそです。自由に遊ばせてくれる先生の雅量に（内心では「うう、面倒くさいなあ。またわけのわかんないことを言い出して……」と思ったこともあるでしょうが）心から感謝申し上げます。

〈もくじ〉　若者よ、マルクスを読もうⅢ　アメリカとマルクス——生誕２００年に

第一部

〈往復書簡〉

『フランスにおける（の）内乱』

引用に当たっては邦訳書を統一せず、石川康宏氏は大月書店国民文庫版の『フランスにおける内乱』、内田樹氏は筑摩書房マルクスコレクション版の『フランスの内乱』という、書名訳も異なるものを使用している。

書簡
その13

石川康宏から内田樹へ

２０１７年12月30日

内田先生、こんにちは。この手紙を書き始めた今日は、二〇一七年一二月三〇日です。親戚の子どもが二人来ていて、わが家はドタバタとにぎやかです。明日は大晦日。先日、家族で敦賀へ行ってきたので、そこで買った越前そばで今年をしめていきます。二〇一八年も、よろしくお願いいたします。

さて、内田先生にお会いしたのは、アメリカツアーを決めた七月三日の天ぷら屋さんが最後でしたっけ？　その直前の兵庫県知事選挙では、ずいぶんお世話になりました。ＪＲ住吉駅前での第一声の動画は、一万回を大きく超えて再生されました。選挙結果は残念なもので、つい数日前にも「何が足りないのか」をみんなで話し合ったところです。情勢の見方の甘さもあれば、自力の弱さもあり、変化する状況に機敏に対応する実務体制の弱点もあったのではないかなど。一八年二月の総会であらためて総括をして、二一年の選挙に向かっていこうとしています。

あ、思い出しました。知事選挙の候補者だった津川さんといっしょに、内田先生のお宅にうかがったのは、天ぷら屋さんの後ですね。調べてみると七月二〇日になっていました。あれが最後でしたか。いずれにせよ、夏以来ということですね。

パリ・コミューンをめぐる論戦

さて、今回取り上げるのは、マルクスの『フランスにおける内乱』です。国際労働者協会（インタナショナル）がこの文章を採択したのが、一八七一年五月三一日でしたから、マルクス五三歳の時の書き物です。『資本論』第一部を出版（1867年）して、三年たっていますので、後のわれわれが知る「マルクスらしいマルクス」の姿がずいぶん整った段階での文章といえるでしょう。

これを「採択」した国際労働者協会については、『若マルⅡ』（『若者よ、マルクスを読もうⅡ』）で――『賃金、価格および利潤』の書簡――、簡単にふれました。一八六四年のロンドンに設立された団体で、ヨーロッパの様々な労働者運動、社会主義運動を「労働者階級の解放」という大枠の目標でゆるやかにまとめ、互いの「連絡と協力」を目指すとしたものです。イギリスの労働組合がこれをよびかけた時、マルクスはまだ関わりをもっていませんでしたが、設立の集会で「暫定委員会」の一員に選ばれて、結果的に「創立宣言」と「規約」を書くことになり、この時期の各国の労働者運動の成熟度にふさわしい組織と運動のあり方を模索することになったのでした。

『フランスにおける内乱』は、もともとパリ・コミューンの闘争中に発表される予定のものでした。しかし、現地から届くはずの情報がなかなか届かず――そのことにイライラしているマルクスの手紙が残っています――、結局、コミューンがフランス政府の軍事力によって壊滅させられた二日後の五月三〇日に採択されました。

内容は、労働者を中心とした市民が選挙を通じて、歴史上初めて成立させた政府であるパリ・コミューンへの高い評価と、これを無法な暴力で葬り去ったフランスの支配者に対する痛烈な告発を基調としています。コミューンを悪しき革命家による暴挙と誹謗する各国の支配者やメディアの大合唱の中で、マルクスや国際労働者協会はコミューンの大義と真実を明らかにする重要な論戦の文書としてこれを発表したのでした。

レーニンによるマルクスの読み間違い

少し脇道にそれますが、ぼくの学生時代には、マルクス主義の国家論の基本テキストといえば、なんといってもレーニンの『国家と革命』でした。内田先生の学生時代も同じじゃなかったでしょうか？ 「この文献には、後進国ロシアにおける革命の特殊性が色濃くあらわれている」といった留保がついてはいましたが、それでもこれはまだ国家論の代表著作として扱われていました。

しかし、それから四〇年が経過した今の評価は大きく変わっています。『国家と革命』にはマルクスの国家論・革命論からの本質的な逸脱があり、それは「ロシア的な特殊性」云々といった部分的な留保で補えるようなものではありませんでした。問題の核心は、社会主義をめざす革命において、議会の多数を得ての平和的な移行の道を認めることができるかどうかという点にありました。

『若マルⅠ』の『共産党宣言』のところでもふれましたが、マルクスは一八四八年のドイツ革命で、男女共通の普通選挙権を第一にかかげて身を挺して闘った経験をもち、その後も一貫して「多数者の合意による平和的な革命の道」を探求しました。しかし、レーニンは資本主義の国家の下で、そのようなことは原理的に不可能であり、したがって革命はいつでも「武力」による他ないと結論します。

その結論を下す上で、レーニンがもっとも重視したマルクスの文章のひとつが、他ならぬ『フランスにおける内乱』に含まれたものでした（『国家と革命』の第三章が『内乱』の検討にあてられています）。そこでレーニンは、マルクスが展開した国家論・革命論の意味を読み間違え、後には革命における「議会制度の廃棄」を説いていきます。

平和的・民主的な人民の総意にもとづく革命を追求したにもかかわらず、マルクスがなぜ時に「独裁論者」「暴力革命論者」との中傷を受けることがあるのか。その大きな原因をレーニンがつくってしまった歴史があるわけです。そんな事情がありますから、この書簡ではレーニンの見解との関係にも目を配っていきたいと思います。

「内乱」を起こしたのはフランス政府

では本題に入ります。まず、一八七一年に成立したパリ・コミューンとは、一体何だったのか。その歴史の基本線を確認することからです。

古い本の中には、これをパリの労働者がブルジョア政府を武装蜂起で倒して生み出した革命政権と描き出したものもあります。『フランスにおける内乱』が「内乱」と呼んだのは、革命を成功させた労働者による蜂起のことだとする捉え方です。しかし、実際に文章を読んでみると、そこでマルクスが書いているのは「内乱」を引き起こしたのはフランス政府

（首班はティエール）の側だということです。いくつか引いておきましょう。

「パリの降伏は、パリだけでなくフランス全土をプロイセンに引き渡すことによって、トロシュ自身が語っているように九月四日の簒奪者たちがその日から始め、長いあいだ敵と通謀してつづけてきたあの反逆の陰謀の幕を閉じた。他方では、このパリの降伏は、いまや彼らがプロイセンの援助によって共和制とパリとにたいしておこなおうとしていた内乱の口火を切るものであった」（村田陽一訳『フランスにおける内乱』国民文庫、62頁）。

「フランスのとほうもない大破滅は、これらの愛国的な土地と資本の代表者を駆りたてて、侵略者の目の前で、またその庇護のもとに、対外戦争に内乱――奴隷所有者の反乱――をつぎ木させる結果となった」（64頁）。

最初の文章に出てきた「パリの降伏」というのは、一八七〇年にパリで起こった共和制革命によって成立した「国防政府」が、ドイツへの降伏を決定したことを指したものです。「国防」といいながら、それを裏切る政府があったのですね。

二つ目の文章に出てくる「奴隷所有者の反乱」というのは、アメリカの南北戦争の検討以来、マルクスが、革命の平和的発展を逆転させようとして支配階級が行う武力反乱を指して用いるようになった言葉です。ここではティエールのブルジョア政府によるパリ・コミューンへの攻撃が、その言葉で特徴づけられています。

共和制革命への反動派の巻き返し

ここでパリ・コミューン樹立の直前にいたるフランスの政治事情を少し整理しておきましょう。

まず当時のフランスの政権ですが、一八五一年のクーデターで帝政を復活させたルイ・ボナパルトが――そのあたりのことは『若マルⅡ』の『フランスにおける階級闘争』『ルイ・ボナパルトのブリュメール一八日』に関する書簡で書きましたね――、その後も皇帝の座に居座り続けていました。この政府は、クリミア戦争（1854年～56年）や第二次アヘン戦争（56年～60年）など、世界各地の多くの戦争に首を突っ込んでいましたが、一八七〇年七月には、いよいよお隣のプロイセンに戦争を仕掛けます。しかし、結果は惨憺たる敗北で、九月二日にはルイ・ボナパルト自身がプロイセンの捕虜になってしまいました。

その知らせを聞いたパリの市民は、これを帝政打倒の絶好のチャンスととらえ、九月四日に共和制革命を起こします。議会内の共和派が帝政の終わりと共和制――一七八九年と一八四八年につづく第三共和制——の樹立を宣言し、帝政政府にかわる「国防政府」——首班はさきほどの引用文にも登場したトロシュ——を打ち立てたのです。しかし、この政府は「国防」の名に反して、ただちにプロイセンへの降伏交渉を開始してしまいます。マルクスはこれを「国防政府」ではなく「亡国政府」ではないかと書きました（52頁）。

七一年一月二八日、「国防政府」は、プロイセン軍が制圧していたヴェルサイユ宮殿で休戦協定を結びます。直前の一月一八日に「ドイツ帝国」が成立し、プロイセン国王はドイツ皇帝となっていましたから、この時の協定の相手はドイツ帝国となりました。そして、この協定を本格的な条約とするには、いかにも暫定的な「国防政府」ではなく、より本格的な正統政府をフランスにつくる必要があるということで、二月八日に新共和制下での最初の選挙が実施されていきます。

その結果できあがった国民議会は、多くが共和制に反対する王制派、帝政派に占められた反動議会となってしまい——その反動性の基礎に農村での古い支配があるということで、マルクスはこれを「『田舎地主』議会」と呼びました（63頁）——、この議会の上に「国防政府」にかわってつくられたのが、ティエールを首班（行政長官）とする新政府でした。ティエールは、「国防政府」下でヨーロッパ各国の宮廷に和平の斡旋を依頼して歩く特使としての役割を果たした人物です。

パリにおかれた新政府は、二月二六日、ただちにドイツとの「講和予備条約」を結びます。これにもとづいてドイツ軍のパリ入城が決まりました。ティエール政府にとって、フランスの全体を安定的に統治する上で最大の障害物とされたのは、前年に「国防政府」を打ち立てた「武装したパリ」でしたので、ティエールは入城するドイツ軍とパリ市民が衝突し、それによってパリの武装が解かれることを期待します。しかし、パリは「国民軍」の冷静な対応によってドイツとの衝突を見事に回避し、ドイツ軍は二日後にパリから撤退しました。そのため武装した共和派のパリはそのまま残り、これにどう対応するかはティエール政府自身の課題となっていったのでした。

パリの武装解除を目指したティエール政府

『内乱』は全四章から成っています。

第一章は、ティエールに対する痛烈な告発を中心とした内容です。マルクスは「武装したパリ」を撃滅するために「奴隷所有者の内乱」を開始した人々の素性と思惑を、ここで徹底的に暴いていきます。第二章は「内乱」の口火を切った三月一八日の解明で、パリ国民軍の大砲を不意打ちで奪い取ろうとしたティエール政権の無法ぶり、それが政権の側からの「内乱」の開始を意味したこと、その結果パリの側にこれに対応する権限と義務があったことなどを指摘します。

第三章は、パリ・コミューンが短期間のうちに行った政治の業績を明らかにし、その歴史的意義と後世への教訓を明らかにしています。レーニンが読み間違えた国家論の文章は、ここに登場します。そして、最後の第四章は「血の饗宴」によって内乱を終結させたフランスのブルジョアジーとその政府への断固とした糾弾と、コミューンの戦士たちへの讃歌となっています。

第二章は、こう始まります。「武装したパリは、反革命の陰謀を妨げる唯一の重大な障害物であった。だから、パリを武装解除しなければならなかった。この点については、ボルドー議会は率直そのものであった」(65〜66頁)。

「反革命」というのは、フランスを共和制の国から帝政の国に逆戻りさせるということで、「ボルドー議会」というのは、ティエールを首班とした政府をつくった最初の国民議会が、パリを避けてボルドーに招集されたことからこう呼ばれたものです。

ティエールは「国民軍の大砲は国家のものであるという、しらじらしい嘘」(67頁)で、パリの武装解除を正当化しようとしました。しかし、実際には大砲は「国民軍の献金で調達」されたもので、そのことは七一年一月二八日の国防政府とプロイセン政府の休戦協定でも確認されていたことでした。国民政府が所有した武器をプロイセンに引き渡す際、パリの大砲は私財であることを理由に、その対象から外されていたのです。

こうしたこじつけをもって「パリの大砲を押収することは、明らかに、パリを、したがってまた九月四日の〔共和制〕革命を、全面的に武装解除するための予備行為でしかありえな（い）」（67頁）ものでした。

これまで何度も登場してきた国民軍ですが、これはもともとフランス大革命（1789年）の際に国の制度として導入されたもので、パリに特有のものではありません。一般市民が自身の職業に従事しながら軍務に服する制度で、志願兵によって構成されるものでした。

九月の共和制革命後、パリとフランスをプロイセンから守るために、多くの労働者がパリの国民軍に志願してきます。一一月にパリがプロイセン軍に包囲された時も、パリ市民は戦意を失いません。しかし、彼らが期待をかけた国防政府が、休戦と降伏の道に走ります。この瞬間にパリは、国防政府から自立した独自の意思をもつ必要を自覚したのでした。

パリの二〇の行政区ごとに行動し、互いの連携は許されていなかった国民軍が、二月二四日にパリ全体での代表集会を開き、それまでになかった国民軍中央委員会の設立に向かいます。マルクスは『内乱』にはこうした経過を書いていませんが、準備草稿（第一草稿）では、この時期「パリを真に統治」したのは国民軍で（137頁）、その「中央委員会は首都の人民政府」であったと書いています（1871年4〜5月、『マルクス・エンゲルス全集』第17巻553頁）。先にふれた三月一日のドイツ軍のパリ入城に際して、ドイツ軍との衝突を冷静に回避しえたのは、パリにこのような統一的な組織と意思が形成されていたからでした。

パリ・コミューンの成立とマルクスの注文

三月一五日には、国民軍中央委員会が、その代表者会議で正式に構成されます。しかし、同じ一五日に、ティエール政府は、ボルドーからパリに移って武装解除の準備を進め、一八日には「多数の警官と戦列軍数個連隊とを率いてモンマルトルへの夜襲をおこなわせ、そこの国民軍の大砲を不意打ちによって奪取させようとしたことで、内乱を開始」します（68頁）。軍事衝突の口火を切ったのは、フランス政府の側でした。この初戦は「三月一八日の光栄ある労働者革命」の勝利となり、「中央委員会がその臨時政府」（69頁）の地位につきます。他方、敗北したティエール政府はパリからドイツ軍本部のおかれたヴェルサイユに逃げ込みました。

こうして「パリの支配権」をにぎった中央委員会は、パリ市民の生活に必要な日常の行政に取り組みながら、ただちに選挙の準備に入ります。パリ市民の代表からなる正式の議会をつくり、そこに統治の権限を委譲しようとしたのです。三月二六日、従来の市議会選挙の規定に則った男子普通選挙が行われ、国民軍中央委員会は議会の指揮下での軍務という本来の役割にもどりました。

この選挙ではティエール政権を支持するヴェルサイユ派の立候補も認められ、実際、当選者の二割近くが彼らによって占められます。三月二九日、議会は多数の合意のもとに、自らの呼称を正式に「パリ・コミューン」と決定し、以後すべての決定をパリ・コミューンの名で発表します。ヴェルサイユ派の議員は後に多くが逃亡しました。

コミューン（自治的共同体）は、いまもフランスの基礎自治体の呼び名となっています（およそ九割が人口二〇〇〇人未満と、合併を繰り返して地域住民の手の届かないものになってしまった日本の自治体とは大違いですが）。古くは中世の都市コミューンに遡る歴史がありますが、パリの市民にとっては、何よりフランス革命の際にこれを下から支えた革命的コミューンの記憶が残っていたのでしょう。一八七〇年九月の共和制革命の頃にはすでに、コミューンの樹立を掲げる声が市民の中からあがっていたそうです。

成立したパリ・コミューンは議会であるだけでなく同時に執行機関や立法機関としても機能しました。それは、まだ男性だけによるものでしたが、人民主権の原理の下で普通選挙権の行使によって打ち立てられた世界最初の権力、議会で多数を得てつくられた労働者による最初の革命権力なのでした。

なお、マルクスはここにいたる国民軍中央委員会の活動について、手厳しくも、次のような批判を行っています。ひとつは、ティエールの政府が逃亡した「ヴェルサイユにただちに進撃し」ティエールとその田舎地主たちの陰謀の息の根をとめなかったという」こと、そしてそのかわりに「秩序党に、コミューンの選挙日である三月二六日にまたもや投票箱で力だめしをすることを許した」ということです（73頁）。秩序党というのは一八四八年革命以後の王党派のことですが、ここではこの時期のフランス反動派の全体を指していっています。

しかし、このパリの革命はあらかじめ準備されたプログラムをもつものではなく、またそれを推進する労働者等の政党ももたず、また国防政府やティエール政府への対抗の焦点について共和制への熱望はあっても、より直接的にはドイツの侵略からパリとフランスを守ることが目的とされていたものでした。それらのことを考えると、マルクスの注文はいささか性急にすぎる高望みだったかも知れません。ティエール派の候補者も認めた上での選挙については、パリ・コミューンが少数者ではなくパリ市民の全体を代表する正統政権であることを明示する点で、むしろ大きな役割を果たしたように思います。

コミューンの中の革命派議員は、一揆による旧政権の打倒にのみもっぱら関心をもつブランキ主義者、急進的な共和主義者だったジャコバン派、労働者の政治権力を原則的に認めないプルードン派の社会主義者などであり、マルクスの影響を受けた者はほとんどいませんでした。これはマルクス派の権力ではなかったのです。

できあいの国家機構をそのまま使うことはできない

『内乱』の構成にしたがって、第三章の国家権力の問題に進みます。

マルクスは「コミューンとはなにか？」と問いを立て、次のように書いていきます。

「中央委員会は、三月一八日のその宣言のなかでこう言っている。

『パリのプロレタリアは、支配階級の怠慢と裏切りとのなかにあって、公務の指揮を自分たちの手ににぎることによって時局を収拾すべき時がきたことを理解した。……彼らは、政府権力を掌握することによって自分自身の運命の主人となることが、彼らのさしせまった義務であり、絶対的権利であることを理解した』

しかし、労働者階級は、できあいの国家機構をそのまま掌握して、自分自身の目的のために行使することはできない」(76頁)

マルクスは、一八四八年の『共産党宣言』の中で、共産主義の社会をつくるには、労働者が自らを「支配階級として組織」して国家権力を握ることが必要だと書きました。その四八年以後、「絶対君主制の時代に始まる」「常備軍、警察、官僚、聖職者、裁判官という、いたるところにゆきわたった諸機関——体系的で階層制的な分業の方式にしたがってつくりあげられた諸機関——をもつ中央集権的な国家権力」(77頁)は、帝政の形をとったブルジョア国家として、巨大な発展を遂げました。

パリ・コミューンの歴史的経験をきっかけに、マルクスは、労働者階級は国家権力を握らねばならないという『共産党宣言』での一般論を、目の前の具体的な姿をとった国家をどのように握るかという、より具体的な問題として立て直し、その結論として、右の「できあいの国家機構をそのまま掌握して……行使することはできない」と述べたのでした。

マルクスはコミューンが現実の必要に応じて行った国家の改造を、次のように整理しています。

①常備軍を廃止し、これを武装した人民とおきかえること。②コミューンを普通選挙で選ばれた市会議員で構成すること。③コミューンを「議会ふうの機関ではなくて、同時に執行し立法する行動的機関」としたこと。④警察を中央政府の手先ではなく、いつでも解任できるコミューンの吏員としたこと。⑤市会議員はじめ公務は労働者なみの賃金で行われるようにしたこと。⑥これまでの国家の発議権のすべてをコミューンに集中したことなどです（80～81頁）。

ここには「国家の高官たちの既得権や交際費は、高官たちそのものとともに姿を消した。公職は、中央政府の手先たちの私有財産ではなくなった」（81頁）という、現代日本の政治にとっても切実な改革の課題にかかわる文章も含まれました。

こうして権力を手にした労働者が、社会の民主的な統治のための現実的必要に応じて行わずにおれなかった改革の実際を検討した結果として、マルクスは先の「できあいの国家機構をそのまま」使うことはできないという結論に達したのでした。それは、①不必要な部分を取り除くこと、②必要な機能を推進する部分を民主的に改良することの二つを大きな柱とするものでした。

そのことを、『内乱』の「第二草稿」は次のように書いていました。

「プロレタリアートは、支配階級とそのさまざまな相争う分派が、彼らの交互の勝利の日にそうしたように、既存の国家組織体をそのまま掌握して、このできあいの機関を自分自身の目的のために行使することはできない。政治権力を維持する第一条件は、その伝来の実務機構を改造し、階級支配の用具としてのそれを破壊することである」（158頁）

マルクス革命論からのレーニンの逸脱

レーニンはロシア革命直前の一九一七年に、『国家と革命』の中で『内乱』の右のマルクスの定式を検討し、マルクスの見解は「できあいの国家機構」を総破壊すべきとしたものだと結論しました。

「マルクスの思想は、労働者階級は『できあいの国家機構』を粉砕し、打ち砕かなければならず、それをそのまま奪取することにかぎってはならないというところにある」（『国家と革命』新日本文庫、55頁）

ここでレーニンは問題を、国家の「粉砕」なのか「そのまま」なのかという両極の二者択一として描いていますが、すでに見たようにマルクスの見解は、そのどちらでもないブルジョア国家の改革あるいは改造でした。

さらにレーニンは、この結論から国家機構全体の粉砕にいたるような革命は「強力革命」しかないとして、これこそが労働者による革命の不可避的な一般法則だと主張します。「ブルジョア国家のプロレタリア国家によるおきかえは、強力革命なしには不可能である」（35頁）

『国家と革命』ではまだ明言していませんが、後のコミンテルンでの活動の中で、レーニンは、さらに議会をもつ民主共和制という政治体制そのものの原則的な否定へと進んでいきます。

これらはマルクスの国家論からの本質的な逸脱であり、マルクスの国家論・革命論の継承ではなく、これを正面から否定するものでした。レーニンは、当時手に入れることのできたマルクスの諸文献から、多くを厳密に学んだ革命家でしたが、この問題については、その後のスターリンによるこの見解の普及とあいまって、多くの人にマルクスを「強力革命唯一論者」と誤認させる役割を果たすものとなりました。

民主共和制を「プロレタリアートの執権の特有な形態」「プロレタリアートの将来の支配にとってすっかりできあがった政治形態」と繰り返したのはエンゲルスですが、マルクスにも『内乱』以降の文章で革命の平和的発展を論じたものがあります。

一八七八年にドイツ政府は「社会主義者取締法」という弾圧法を提案した時、社会主義者はいまは「平和的発展」を唱えているが、最後は強力で目標を達成しようとしていると主張しました。そのことを議事録で読んだマルクスは、これへの反論を次のようにノートに書きつけています。

「当面の目標は労働者階級の解放であり、そのことに内包される社会変革（変化）である。時の社会的権力者のがわからのいかなる強力的妨害も立ちはだからないかぎりにおいて、ある歴史的発展は『平和的』でありつづける。たとえば、イギリスや合衆国において、労働者が国会ないし議会で多数を占めれば、彼らは合法的な道で、その発展の障害になっている法律や制度を排除できるかも知れない。しかも社会的発展がそのことを必要とするかぎりでだけでも。それにしても、旧態に利害関係をもつ者たちの反抗があれば、『平和的な』運動は『強力的な』ものに転換するかも知れない。その時は彼らは（アメリカの内乱やフランスの革命のように）強力によって打倒される、『合法的』強力にたいする反逆として」（「社

会主義者取締法にかんする帝国議会討論の概要」１８７８年9月、『全集』34巻４１２頁）

ここでマルクスは、選挙をつうじて議会の多数を得ることで、国家権力の全体を手にする可能性が開けている国としてイギリスとアメリカを具体的にあげながら、革命の非平和的、強力的な局面は、労働者の側からではなく旧勢力の強力的な抵抗によって初めて引き起こされるものであることを指摘しています。

ビスマルクの庇護下での政府軍による大量虐殺

『内乱』の第四章に進みます。ここでマルクスは、パリ・コミューンが政府軍によって壊滅させられた最後の時期をとりあげ、ティエールによる武力攻撃の無法を強く告発しています。

具体的な内容の一つは、政府軍による「むきだしの野蛮」です。

「ブルジョア秩序の文明と正義は、その秩序の奴隷や苦役者が彼らの主人たちに反抗してたちあがるときにはいつも、そのすさまじい姿をあらわす。そのときにはこの文明と正義は、むきだしの野蛮と無法な復讐となって現われる。横領者と生産者のあいだの階級闘争に新しい危機が起こるたびに、この事実はいっそうまざまざと現われる」（１０６頁）

マルクスは古代ローマの大量虐殺の一時代を引き合いにだして、ティエール政府の振る舞いを、「同じ冷血な大量殺戮、年齢や男女の区別をつけずに虐殺する同じ見さかいのなさ、同じ捕虜拷問の方式、同じ公敵宣言――ただし、今度は一階級全体にたいする――、身を隠した指導者たちを一人でものがすまいとする同じ野蛮な狩りたて、政敵や個人的な敵をおとしいれる同じ密告、争いにまったく無関係なものまでも屠殺してかえりみない同じ無頓着さ」（106頁）と書きました。

実際の犠牲者の数については、現地での銃殺約三万人、逮捕一〇万人などの記録があるそうです。

もう一つ、マルクスが厳しく告発しているのは、ティエール政府がこのような虐殺をドイツ帝国のビスマルク政府の庇護下で行ったということです。

「外国の侵略者の庇護のもとで内乱を起こして革命を打ち砕こうという支配階級の陰謀……は、パリの大屠殺で頂点に達した。ビスマルクはパリの廃墟を見て、ほくそえんでいる」「彼にとっては、これは革命を根だやしにしたことであるだけでなく、またフランスが死滅したことでもあるのだ」「征服者が、征服された政府の憲兵になるばかりか、そのお雇い刺客になることによって、自分の勝利の仕上げをやるというような光景が、これま

で歴史上にあっただろうか？」（113頁）

五月の最後のパリ攻撃の前に、ドイツ軍は一一万のボナパルト派の捕虜を釈放し、それによって必要な兵力をティエールの政府に提供していました。

マルクスは、「民族戦争」の熱情をかきたてることで、ブルジョア政府は階級闘争を回避しようとするが、階級闘争が「内乱」として爆発すると、「民族戦争」のごまかしを投げ捨てて、征服軍と被征服軍がプロレタリアートを虐殺するために提携するとこれを批判しました。

五月二八日をもって、パリ・コミューンは壊滅します。マルクスは『内乱』の最後を、次の文章で結びました。

「労働者のパリとそのコミューンとは、新社会の光栄ある先駆者として、永久にたたえられるであろう。その殉教者たちは、労働者階級の偉大な胸のうちに祭られている。歴史は、それを滅ぼしたものどもを、すでに永遠の曝し台に釘づけにしている。彼らの司祭どもがどんなに祈っても、彼らをその曝し台から救いだすことはできないであろう」（116頁）

革命の前途の冷静な見通しと解放の闘いへの真摯な思い

一八七〇年九月の共和制革命以後、リヨンやマルセイユなどにもコミューンが生れました。しかし、それは七一年三月一八日のパリ革命以前に鎮圧されています。プロイセンへの敗北という危機的な情勢にもかかわらず、フランス全体の規模で見れば、革命の条件は存在していなかったといえるでしょう。

そこを見誤ってはいけないと、マルクスは、フランスがプロイセンに敗北した直後に発表した「国際労働者協会の第二の呼びかけ」（70年9月4日）で、労働者たちに冷静に呼びかけました。

「フランスの労働者階級はきわめて困難な条件のもとにおかれている。敵〔プロイセン〕がパリの城門をたたくばかりにせまっている現在の危局に、およそ新政府を倒そうなどと試みるのは、むこうみずな愚挙であろう」「彼らは……一七九二年の国民的追憶〔八月の王制廃止、九月の共和制の宣言など〕にまどわされてはならない」「彼らは、自分自身の階級を組織する仕事のために、共和制の自由があたえる便宜を冷静に、そして断固として利用するがよい！　それは彼らに、フランスを再生させ、われわれの共同の事業——労働の解放——をなしとげるための、新しいヘラクレスばりの力をあたえるであろう。彼らの精

力と賢明さに、共和制の運命がかかっている」（47頁、〔　〕内は石川、以下同様）

しかし、パリの現実は、すでに見たように七一年三月一八日の革命へと進展します。それを聞いたマルクスは、友人クーゲルマンへの手紙（1871年4月12日付）の中で、立ち上がった労働者たちに最大級の賛辞を送りました。

「これらのパリ人には、なんという柔軟性、なんという歴史的創意、なんという自己犠牲の能力があるのだろう！」「〔六か月もの飢餓の後〕彼らは、プロイセンの銃剣のもとにありながら、立ち上がるのだ。フランスとドイツのあいだに戦争などかつてなかったかのように、また敵軍がなおパリの城門のまえにたむろしていないかのように！　歴史上にこれほどの偉大さのこれほどの実例は一つもない！」

ただし、マルクスは次のようにも書きました。

「今度のパリの蜂起は、――たとえ旧社会の狼や豚やいやしい犬どもに屈伏しようとも――パリの〔一八四八年〕六月蜂起以来のわが党の最も輝かしい行為である」（167頁）

この時点でもマルクスはパリ市民の前途を楽観したわけではなかったのです。

そしてマルクスは、コミューンの敗北を懸念したクーゲルマンからの手紙への返信で、「プロイセン軍がフランスにいあわせ、しかもパリのすぐ門前に位置していた」という「決定的な不利」の中で、なお闘うことの意義について次のように書きました（4月17日付）。

「もし確かな勝算がある場合にだけ闘いに応じるものとしたら、世界史をつくることは、たしかに、はなはだ気楽な仕事であったろう」。しかし、世界の進行では様々な「偶然事」が役割を果たす。今回のパリの「偶然」は、プロイセン軍が存在したということだった。「このことはパリ人もよく承知していた。しかし、ヴェルサイユのブルジョアの下司どももまたこのことを承知していた。それだからこそ、彼らはパリ人に、闘いに応じるか、それともたたかわないで屈伏するか、二つに一つを選ばなければならないようにしむけたのだ。このあとの場合に起こる労働者階級の士気の退廃は、なにがしかの『指導者』の死滅よりも、ずっと大きな不幸になったであろう。資本家階級とその国家とにたいする労働者階級の闘争は、このパリの闘争によって新しい段階にはいった。この事件の直接の成りゆきがどうであろうと、これによって世界史的な重要性をもつ一つの新しい出発点が獲得されたのだ」（168～9頁）。

世界史の進行に対するマルクスの冷静な見通しと、自らの解放のために闘う労働者への熱い真摯な思いが重なり合った文章と言えるでしょう。

未来社会論や「社会権」思想の源流も

『内乱』には他にも、マルクスが展望した共産主義社会の内容やそこへの変革の過程にかかわる重要な論点が含まれています。

「〔労働者階級は〕人民の命令によって導入されるような、できあいのユートピアをなにももっていない。自分自身の解放をなしとげ、それとともに、現在の社会がそれ自身の経済的作因によって不可抗的に指向している、あのより高度な形態をつくりだすためには、労働者階級は長期の闘争を経過し、環境と人間をつくりかえる一連の歴史的過程を経過しなければならないことを、彼らは知っている。彼らのなすべきことはなんらかの理想を実現することではなく、崩壊しつつある古いブルジョア社会そのものの体内にはらまれている新しい社会の諸要素を解放することである」（87頁）

この短い文章は、「第一草稿」でのより長い文章とあわせて、マルクス研究者のあいだでも論争を呼ぶ個所となっています。しかし、これについては、いずれマルクスの未来社会論——じつはマルクスは未来社会を共産主義社会と呼ぶよりも、はるかに多くの場合に「結合的生産様式」などの用語で呼んでいるのですが——をまとめて論ずる機会もあるでしょうから、そこで取り上げることにしておきます。

またパリ・コミューンの歴史的意義については、そこにフランス人権宣言やアメリカ独立宣言がかかげた市民の「自由権」にとどまらず、発展する資本主義の中での労働者の貧困を前に、教育と最低限の生活を市民に保障する国家をつくろうという「社会権」の思想を掲げたところもきわめて重要なところになっています。この点は「個人の尊厳」を守る国づくりが憲法に書き込まれるようになった、その政治的な源流をつくったものとして、現代日本の市民運動の課題や思想にも直結するものです。

さてさて、今回も長くなってしまいました。もうお正月も終わって、大学の授業もスタートしています。三月に予定されている内田先生とのアメリカ・ツアーは実行されるのでしょうか。まだ最少催行人数には達していないと聞いています。あれは丸々八日間もの企画ですから、あるとないとでは準備の仕事もふくめて、三月のすごし方が大きく変わってきますね。時差の大きな旅行はしんどいと、この時期に大きな声で口にすると、旅行社のみなさんに叱られますか。

では、内田先生、次をよろしくお願いします。

書簡その14

内田樹から石川康宏へ

2018年3月30日

石川先生

こんにちは。石川先生からの書簡、頂いたのは去年の暮れだったんですね。今三月末ですから、三か月もご返事出さないままでした。まことに申し訳ありません。

『若マル』の最初の頃は、石川先生から手紙が来ると、その日のうちに返事を書き出して、一週間くらいで往復書簡が完成……というような快適なペースだったんですけれど、年ごとにどんどんインターバルが長くなってしまいました。ここ数年は「息詰まるラリーが展開」というような読後感を与えることがたいへんに難しくなってしまいました。

往復書簡のインターバルが長くなった理由

なんで、こんなことになったのか。その話を少ししますね。

石川先生からの書簡にもあるように、この三月には「若マル・アメリカツアー」というものが企画されていました。ところが、最少催行人員に満たなかったために、ツアー企画は中止。その「おわび」ということで、京都妙心寺で一泊二日の「マルクス学習会ツアー」というものが催されました。そこで僕はアメリカでやるはずだった「マルクスとアメリカ」、石川先生は「マルクスとは何ものだったのか?」というお題で講演と対談と質疑応答ということをしたのでした。その時の記録とこの「フランスにおける内乱」をめぐる往復書簡を併せて一冊として本書は刊行される予定であります。皆さんが、今この文章を読んでいるということは、無事に『若マルⅢ』は出版の運びとなったということですね。ありがたいことであります。

そのマルクス学習会の帰りのタクシーの中で、「なんで、こんなに書簡のインターバルが長くなったんだっけ?」という話題になりました。それはこういう理由です。

一〇年前くらいから、日本は政治的激動期に入りました。僕も石川先生も、次から次への政治的案件について意見を求められ、インタビューされたり、講演したり、原稿書いたり、選挙応援に立ったり、デモに行ったり……ということが続くようになりました。書簡のやりとりが間遠になったのはそのせいです。特に二〇一二年の第二次安倍政権になってからは、改憲、特定秘密保護法、集団的自衛権、安全保障関連法案、共謀罪、森友加計問題……と、とてもじゃないけど手をつかねて看過することのできない大きな政治的出来事が続き、仕事の依頼が桁外れに増えてしまったのです。

市民として当然の義務を果たしているわけですから、文句を言う筋合いではないのです。そもそも、いろいろなメディアが意見を聞きに来てくれるということは、それだけ僕たちの言葉が広く届けられるということで、誰からも意見を求められず、意見を発表する機会もないということに比べたら、「たいへんにありがたい」ことではあるわけです。でも、ひとり書斎に端座して、心静かに古典を読み、先賢の叡智に触れてしみじみと遠い目をする……というような穏やかな時間がどんどん削られていったことはまことにつらいことでした。

かろうじて僕はエマニュエル・レヴィナスの『時間と他者』という七〇年ほど前の講演を逐語的に解釈してゆくという気長な「古典読解」の仕事を『福音と世界』というキリスト教系の月刊誌で許して頂いているので、その連載原稿を書いている間だけはしばらく俗世を離れて浮世離れした思弁に耽ることができます。このマルクス読解も僕にとっては古典をひもとき、先賢の知性を通して現実を見つめ返すという得難い機会ですので、ほんとうならもっと嬉々として石川先生への返信を書き始めてよかったのですけれども、如上の事情によりまして、そういう豊かな時間がなかなか取れなかったのでありました。

でも、アメリカツアー中止によって浮いた一週間をマルクス学習会の予習に当てることができたおかげで、「マルクスとアメリカ」について集中的に読書ができました。すると、再び僕の中の「マルクス熱」が点火されてしまいました。『フランスの内乱』についてのコメントを書く意欲がむらむらと湧いてきて、かくは筆を執った次第です。

前置きは以上です。久しぶりのマルクス書簡、楽しく書かせて頂くことにします。

「ついに発見された政治形態」に続くものがなかった

『フランスの内乱』、読み返してみました。この本を読むのは、学生時代以来五〇年ぶりくらいです。同じテクストでも、さすがに半世紀をおいて読み返すと、印象がずいぶん違うものですね。

パリ・コミューンの歴史的な意義や、このテクストの重要性については、もう石川先生がきちんと書いてくださっていますので、僕は例によって、個人的にこだわりのあるところについて感想を語ってゆきたいと思います。

「コミューン」というのは、そもそもどういう意味なんでしょう。「コミューン」という言葉を学生だった僕はこの本で最初に知りました。そして、たぶん半世紀前も次の箇所に赤線を引いたはずです。

「コミューンは本質的に労働者階級の政府であり、横領者階級に対する生産者階級の闘争の所産であり、労働者階級の経済的解放を実現するために、ついに発見された政治形態である」（『フランスの内乱』、辰巳伸知訳、マルクスコレクションⅥ、筑摩書房、２００５年、36頁、強調は内田）

「ついに発見された政治形態」であると断定された以上、それは前代未聞のものであるはずです。僕は素直にそう読みました。なるほど、パリ・コミューンは歴史上はじめて登場した政治形態だったのか。すごいな。それなのに反動的なブルジョワたちから暴力的な弾圧を受けて、徹底的に殲滅されて、多くのコミューン戦士は英雄的な死を遂げた。気の毒なことをしたなあ……。そう思いました。それくらいしか思いませんでした。でも、さすがにそれから半世紀経つと感想もずいぶん違うものになります。

僕が気になったのは、パリ・コミューンがマルクスの時代において「ついに発見された」前代未聞のものであったことはわかるのですが、それに続くものがなかったということです。パリ・コミューンからすでに一五〇年を閲しましたけれど、パリ・コミューンのような政治形態はそれを最後に二度と再び地上に現れることはありませんでした。それはなぜなのでしょう。

もし、パリ・コミューンがマルクスの言うように、一八七〇年時点での革命的実践の頂点であったのだとしたら、その後も、パリ・コミューンを範とした革命的実践が（かりに失敗したとしても）世界各地で、次々と試みられてよかったはずです。でも、管見の及ぶ限りで「この政治形態はパリ・コミューンの甦りである」とか「この政治形態はパリ・コミューンが別の歴史的条件の下でいささか相貌を変えて実現したものである」というふうに名乗る事例を僕は一つも知りません。「われわれの戦いはパリ・コミューンを理想としている」と綱領的文書に掲げた政治運動や政治組織も僕は見たことがありません。

変な話だと思いませんか？

かのマルクスが、「ついに発見された政治形態である」と絶賛した究極の事例について、それを継承しようとした人たちも、未完・未済のものであったがゆえにその完成をこそ自らの歴史的召命として引き受けようとした人たちも、一八七一年から後いなかった。どうして、パリ・コミューンという政治的理想をそれからのちも全力で追求しようとした人たちは出てこなかったのか？

少なくともそれ以後フランスには「パリ・コミューン的なもの」は二度と登場しません。フランスでは、一七八九年、一八三〇年、一八四八年、一八七一年と、比較的短いインターバルで革命的争乱が継起しました。いずれも、その前に行われた革命的な企てを引き継ぐものとして、あるいは先行した革命の不徹底性を乗り越えるものとしてなされました。でも、一八七一年のパリ・コミューンから後、パリ・コミューンを引き継ぎ、その不徹底性を批判的に乗り越える革命的な企てを構想した人は一人もいなかった。一九四四年八月二五日のパリ解放の時、進軍してきた自由フランス軍の中にも、レジスタンスの闘士たちの中にも、誰も「抑圧者が去った今こそ市民たちの自治政府を」と叫ぶ人はいませんでした。一九六八年には「パリ五月革命」と呼ばれたラディカルな政治闘争がありましたが、その時に街頭を埋め尽くしたデモの隊列からも「今こそ第五共和政を倒して、パリ・コミューンを」と訴える声は聴こえませんでした。少しはいたかも知れませんが（どんなことでも口走る人はいますから）、誰も取り合わなかった。「パリ・コミューン派」を名乗っていて、少なからぬ力量を誇っている政治組織が世界のどこかにはあるかも知れませんけれど、寡聞にして僕は知りません（知っている人がいたらぜひご教示ください）。

これはどういうことなのでしょう。なぜ「ついに発見された政治形態」は後継者を持ちえなかったのか？　以下はそれについての僕の暴走的思弁です。

なぜ起きてもよいことが起きなかったのか？

「マルクスとアメリカ」でも同じ考え方をご披露しましたけれど、僕が歴史について考える時にしばしば採用するアプローチは「どうして、ある出来事は起きたのに、それとは別の『起きてもよかった出来事』は起きなかったのか？」という問いを立てることです。

このやり方を僕はシャーロック・ホームズから学びました。「起きたこと」からではなくて、「起きてもよかったはずのことが起きなかった」という事実に基づいて事件の真相に迫るのです。「白銀号事件」でホームズは「なぜあの夜、犬は吠えなかったのか？」というところからその推理を開始します。

なぜ起きてもよいことが起きなかったのか？

こういう問いを立てないと前景化してこない事実があります。でも、起きたことの原因についてはいくらでも思量するのに、「起きてもよかったのに起きなかったこと」がなぜ起きなかったのかという問いに想像力を用いる人はきわめて少数です。

僕が師匠と仰ぐ大瀧詠一さんは以前ラジオ放送された「アメリカン・ポップス伝」で

アメリカにおけるフォークソングの歴史を回顧したことがありました。その時に大瀧さんが注目したのは一九五〇年のウィーヴァーズの『グッド・ナイト・アイリーン』から一九五八年のキングストン・トリオの『トム・ドゥーリー』まで七年間、フォークソングのナンバーワンヒットが存在しなかったということでした。ふつうの人なら「その頃はたまたまフォークソングが流行らなかったんじゃないの」で済ませるところですけれど、大瀧さんはそうは考えなかった。「どうして、才能あるミュージシャンが目白押しで、ビッグヒットが続いてよかったはずのフォークソングが一曲もチャートに入らなかったのか?」という問いを立てた。そして、その原因がJ・エドガー・フーヴァーとジョゼフ・マッカーシーによる「赤狩り」にあることを解明してゆきます。国民的人気を誇ったウィーヴァーズのメンバーたちは非米活動委員会に召喚され、FBIに監視され、その全曲はカタログから抹消され、ラジオでの放送も禁じられたのでした。この時代に流行ったロックンロールやR&Bだけを聴いていたのでは、そういう現実は決して前景化しません。「ヒットしてよかった音楽がヒットしなかったのはなぜか?」というふつうの人が立てない問いを立てたことで、それがわかった。

僕は大瀧さんはシャーロック・ホームズと推理の仕方において通じるところがあると思

います。そして、今回もそれに倣おうと思います。僕の立てる問いはこういうものです。

なぜパリ・コミューンはマルクスによって理想的な政治形態と高く評価されたにもかかわらず、それから後、当のマルクス主義者たちによってさえ企てられなかったのか？

パリ・コミューンは理想的に過ぎたからこそ

それに対する僕の仮説はこうです。パリ・コミューンはまさに「ついに発見された政治形態」であったにもかかわらずではなく、そうであったがゆえに血なまぐさい弾圧を呼び寄せ、破壊し尽くされ、二度と「あんなこと」は試みない方がよいという歴史的教訓を残した、ということです。パリ・コミューン以後の革命家たち（レーニンもその一人です）がこの歴史的事実から引き出したのは次のような教訓でした。パリ・コミューンのような政治形態は不可能だ。やるならもっと違うやり方でやるしかない。

パリ・コミューンは理想的に過ぎたのでした。それは『フランスの内乱』の中でマルクスが引いているいくつもの事例から知ることができます。マルクスが引いている事実はすべてがヴェルサイユ側の忌まわしいほどの不道徳性と暴力的非寛容と薄汚れた現実主義とコミューン側の道徳的清廉さ、寛大さ、感動的なまでの政治的無垢をありありと対比させています。どちらが「グッドガイ」で、どちらが「バッドガイ」か、これほど善悪の対比がはっきりした歴史的出来事は例外的です。少なくともマルクスは読者たちにそういう印象を与えようとしていました。

ティエールは国民軍の寄付で調達されたパリの大砲を「国家の財産である」と嘘をついてパリに対して戦争をしかけ、寄せ集めのヴェルサイユ兵を「世界の称賛の的、フランスがこれまで持った最もすばらしい軍隊」と持ち上げ、パリを砲撃した後も「自分たちは砲撃していない、それは叛徒たちの仕業である」と言い抜け、ヴェルサイユ軍の犯した処刑や報復を「すべて戯言である」と言い切りました。一方、「コミューンは、自らの言動を公表し、自らの欠陥をすべて公衆に知らせた」（同書、44頁）のです。マルクスの言葉を信じるならまさに「パリではすべてが真実であり、ヴェルサイユではすべてが嘘だった」（同書、46頁）のでした。パリ・コミューンは政治的にも道徳的にも正しい革命だった。マルクスはそれを讃えた。でも、マルクス以後の革命家たちはそうしなかった。彼らはパリ・コミューンはまさにそのせいで敗北したと考えた。確かに、レーニンがパリ・コミューンから教訓として引き出したのは、パリ・コミューンはもっと暴力的で、強権的であってもよかった、政治的にも道徳的にも、あれほど「正しい」ものである必要はなかったということだったからです。レーニンはこう書いています。

「ブルジョワジーと彼らの反抗を抑圧することは、依然として必要である。そして、コンミューンにとっては、このことはとくに必要であった。そして、コンミューンの敗因の一つは、コンミューンがこのことを十分に断固として行わなかった点にある」（『国家と革命』、大崎平八郎訳、角川文庫、1966年、67頁）

レーニンが「十分に、断固として行うべき」としたのは「ブルジョワジーと彼らの反抗を抑圧すること」です。ヴェルサイユ軍がコミューン派の市民に加えたのと同質の暴力をコミューン派市民はブルジョワ共和主義者や王党派や帝政派に加えるべきだった、レーニンはそう考えました。コミューン派の暴力が正義であるのは、コミューン派が「住民の多数派」だからです。

「ひとたび人民の多数者自身が自分の抑圧者を抑圧する段になると、抑圧のための『特殊な権力』は、**もはや必要ではなくなる！**　国家は死滅し始める。特権的な少数者の特殊な制度（特権官僚、常備軍首脳部）に代わって、多数者自身がこれを直接に遂行することができる」（同書、67～68頁、強調はレーニン）

少数派がコントロールしている「特殊な権力」がふるう暴力は悪だけれど、国家権力を媒介とせずに人民が抑圧者に向けて直接ふるう暴力は善である。マルクスは『フランスの内乱』のどこにもそんなことは書いていません。でも、レーニンはそのことをパリ・コミューンの「敗因」から学んだのです。

旧体制から新体制への過渡期の問題

レーニンがパリ・コミューンの敗北から引き出したもう一つの教訓は、石川先生もご指摘されていた「国家機構」の問題です。これについて、石川先生は、レーニンは「国家機構の粉砕」を主張し、マルクスはそれとは違って、革命の平和的・非強力的な展開の可能性にもチャンスを認めていたという指摘をされています。でも、僕はちょっとそれとは違う解釈も可能なのではないかと思います。レーニンの方がむしろ「できあいの国家機構」を効率的に用いることを認めていたのではないでしょうか。レーニンはこう書いています。

「コンミューンは、ブルジョワ社会の賄賂のきく、腐敗しきった議会制度を、意見と討論の自由が欺瞞に堕することのないような制度とおき替える。なぜなら、コンミューンの代議員たちは、みずから活動し、自分がつくった法律をみずから執行し、執行にあたって生じた結果をみずから点検し、自分の選挙人にたいしてみずから直接責任を負わなければならないからである。代議制度はのこるが、しかし、特殊な制度としての、立法活動と執行活動の分業としての、代議員のための特権的地位を保障するものとしての、議会制度は、ここにはない。（…）議会制度なしの民主主義を考えることができるし、また考えなければならない」（同書、74〜75頁）

法の制定者と法の執行者を分業させた政体のことを共和制と呼び、法の制定者と執行者が同一機関である政体のことを独裁制と呼びます。パリ・コミューンは「議会制度なしの民主主義」、独裁的な民主主義の達成だったとして、その点をレーニンは評価します。

この文章を読むときに、代議制度は「のこる」という方を重く見るか、立法と行政の分業としての共和的な制度は「ない」という方を重く見るかで、解釈にずれが生じます。僕はレーニンは制度そのものの継続性をむしろ強調したかったのではないかという気がします。レーニンは何か新しい、人道的で、理想的な統治形態を夢見ていたのではなく、今ある統治システムを換骨奪胎することを目指していた。そして、マルクスもまた既存の制度との継続を目指したのだと主張します。

「マルクスには『新しい』社会を考えついたり夢想したりするという意味でのユートピ

ア主義など、ひとかけらもない。そうではなくて、彼は、古い社会からの新しい社会の誕生、前者から後者への過渡的諸形態を、自然史的過程として研究しているのだ」（同書、75頁、強調はレーニン）

ここで目立つのは「からの」を強調していることです。旧体制と新体制の間には連続性がある。だから、「過渡的諸形態」においては「ありもの」の統治システムを使い回す必要がある。レーニンはそう言いたかったようです。そのためにマルクスも「そう言っている」という無理な読解を行った。

「われわれは空想家ではない。われわれは、どうやって一挙に、いっさいの統治なしに、いっさいの服従なしに、やっていくかなどと『夢想』はしない。プロレタリアートの独裁の任務についての無理解にもとづくこうした無政府主義的夢想は、マルクス主義とは根本的に無縁なものであり、実際には、人間が今とは違ったものになるときまで社会主義革命を引き延ばすことに役だつだけである。ところがそうではなくて、われわれは、社会主義革命をば現在のままの人間で、つまり服従なしには、統制なしには、『監督、簿記係』なしにはやってゆけない、そのような人間によって遂行しようと望んでいるのだ」（同書、76〜77頁、強調はレーニン）

レーニンが「監督、簿記係」と嘲弄的に呼んでいるのは官僚機構のことです。プロレタリアート独裁は「服従」と「統制」と「官僚機構」を通じて行われることになるだろうとレーニンはここで言っているのです。

「すべての被搾取勤労者の武装した前衛であるプロレタリアートには、服従しなければならない」(77頁)という命題には「誰が」という主語が言い落とされていますが、これは「プロレタリアート以外の全員」のことです。

これはどう贔屓目に読んでも、マルクスの『フランスの内乱』の解釈としては受け入れがたいものです。マルクスがパリ・コミューンにおいて最も高く評価したのは、そこでは「服従」や「統制」や「官僚機構」が効率的に働いていたことではなく、逆に、労働者たちが「できあいの国家機構をそのまま掌握して、自分自身の目的のために行使することはできない」と考えたからです。新しいものを手作りしなければならないというコミューンの未決性、開放性をマルクスは評価した。誰も服従しない、誰も統制しない、誰もが進んで公的使命を果たすという点がパリ・コミューンの最大の美点だとマルクスは考えていたからです。

「コミューンが多種多様に解釈されてきたこと、自分たちの都合のいいように多種多様な党派がコミューンを解釈したこと、このことは、過去のあらゆる統治形態がまさに抑圧的であり続けてきたのに対して、コミューンが徹頭徹尾開放的な政府形態であったということを示している」（マルクス、前掲書、36頁）

マルクスとレーニンの間の断絶

マルクスの見るところ、パリ・コミューンの最大の美点はその道徳的なインテグリティーにありました。自らの無謬性を誇らず、「自らの言動を公表し、自らの欠陥のすべてを公衆に知らせた」ことです。それがもたらした劇的な変化についてマルクスは感動的な筆致でこう書いています。

「実際すばらしかったのは、コミューンがパリにもたらした変化である！　第二帝政のみだらなパリは、もはやあとかたもなかった。パリはもはや、イギリスの地主やアイルランドの不在地主、アメリカのもと奴隷所有者や成金、ロシアのもと農奴所有者やワラキアの大貴族のたまり場ではなくなった。死体公示所にはもはや身元不明の死体はなく、夜盗もなくなり、強盗もほとんどなくなった。一六四八年二月期以来、はじめてパリの街路は安全になった。しかも、いかなる類の警察もなしに。（……）労働し、考え、闘い、血を流しているパリは、――新たな社会を生み出そうとするなかで、（……）自らが歴史を創始することの熱情に輝いていたのである」（同書、45～46頁、強調は内田）

「新しい社会を生み出そうとするなかで」とマルクスは書いています。この文言と「マルクスには『新しい』社会を考えついたり夢想したりするという意味でのユートピア主義など、ひとかけらもない」というレーニンの断定の間には、埋めることのできないほどの断絶があると僕は思います。

でも、パリ・コミューンの総括において「パリ・コミューンは理想主義的過ぎた」という印象を抱いたのはレーニン一人ではありません。ほとんどすべての革命家たちがそう思った。だからこそ、パリ・コミューンはひとり孤絶した歴史的経験にとどまり、以後一五〇年、その「アヴァター」は再び地上に顕現することがなかった。そういうことではないかと思います。

勘違いして欲しくないのですが、僕はレーニンの革命論が「間違っている」と言っているのではありません。現にロシア革命を「成功」させたくらいですから、実践によってみごとに裏書きされたすぐれた革命論だと思います。でも、マルクスの『フランスの内乱』の祖述としては不正確です。

急いで申し添えますけれど、レーニンのこの「不正確な祖述」は彼の知性が不調なせいでも悪意のせいでもありません。レーニンは彼なりにパリ・コミューンの悲劇的な結末から学ぶべきことを学んだのです。そして、パリ・コミューンはすばらしい歴史的実験だったし、めざしたものは崇高だったかも知れないけれど、あのような「新しい社会」を志向する、開放的な革命運動は政治的には無効だと考えたのです。革命闘争に勝利するためには、それとはまったく正反対の、服従と統制と官僚機構を最大限に活用した運動と組織が必要だと考えた。

レーニンのこのパリ・コミューン解釈がそれ以後のパリ・コミューンについて支配的な解釈として定着しました。ですから、仮にそれから後、「パリ・コミューンのような政治形態」をめざす政治運動が試みられたことがあったとしても、それは「われわれは空想家ではない。われわれは、どうやって一挙に、いっさいの統治なしに、いっさいの服従なしに、やっていくかなどと『夢想』はしない」と断定する鉄のレーニン主義者たちから「空想家」「夢想家」と決めつけられて、舞台から荒っぽく引きずりおろされただろうと思います。

僕はできたら読者の皆さんには『フランスの内乱』と『国家と革命』を併せて読んでく

れることをお願いしたいと思います。そして、そこに石川先生がこの間言われたような（本書第三部）「マルクス」と「マルクス主義」の違いを感じてくれたらいいなと思います。マルクスを読むこととマルクス主義を勉強することは別の営みです。まったく別の営みだと申し上げてもよいと思います。そして、僕は「マルクス主義を勉強すること」にはもうあまり興味がありませんけれど、「マルクスを読む楽しみ」はこれからもずっと手離さないだろうと思います。

第二部

〈報告と批評〉

アメリカとマルクス

2018年3月27日（火）に京都の妙心寺・大心院で行われた内田樹氏の報告、石川康宏氏の批評を大幅に加筆整理したもの。

報告

アメリカとマルクス・マルクス主義——受容と凋落

内田樹

ヨーロッパでは知識人のスタンスの基準なのに

僕は以前から「なぜアメリカには、マルクス主義は根付かなかったのか」という問題に興味がありました。ヨーロッパにはマルクス主義の理論と運動の長い歴史があります。イギリスでも、フランスでも、ドイツでも、イタリアでも、ロシアでも、それぞれのマルクス研究があり、マルクス主義の運動がありました。それらは一過的な現象にとどまることなく、以後も繰り返し「マルクスに還れ」という運動が起きて、マルクスの読み直しが提起されてきました。二〇世紀の思想家でマルクスと無縁であった人はほとんどおりません。ジャン＝ポール・サルトル、モーリス・メルロ＝ポンティは当然として、一見するとマルクス主義とは無縁と思えるロラン・バルトやクロード・レヴィ＝ストロースにしても、その学説にはマルクスの影響が見て取れます。レイモン・アロンやカール・ポパーやフリードリヒ・ハイエクはマルクスをどう批判するかという問題意識からそれぞれの思考を鍛え上げました。ですから、マルクス抜きに彼らの学説はあり得なかった。

つまり、ヨーロッパにおいては、マルクスをどう読むかということが、そのままその知識人のスタンスを示す基準になっていたのです。けれども、アメリカではそのような風景を見ることがありません。マルクス主義を肯定的であれ、否定的であれ、どう評価するかということが知識人にとって喫緊の思想的課題であり、その思想的な成熟度の指標であるというふうには認識されていない。「欧米」というふうに僕たちはひとくくりにしますけれど、なぜかマルクス主義についてはその「くくり」が成り立たない。

「起きたこと」の因果関係にとらわれがちだが

どうしてアメリカにはマルクスの思想が根づかなかったのか?

ふつうの人は「なぜこのことは起きたのか?」というかたちで歴史的な問いを立てます。僕は歴史家ではないので、それよりはむしろ「なぜ『起きてもよかったはずのこと』は起きなかったのか?」という問いの方に惹かれます。

僕たちはどうしても「起きたこと」の方に気を取られます。そして、「起きたこと」を点で結んで、そこに因果関係を見出そうとする。「歴史を貫く鉄の法則性」や「理性の顕現過程」や「神の見えざる手」を見出そうとする。それもたしかに知性のすぐれた働きではあるのですけれど、それとは別の知性の使い方もあるのではないか。それは「起きてもよかったことはなぜ起きなかったのか？」という問いの立て方です。

あらゆる時点において未来はつねに「霧の中」です。どんなことがこれから起きるか、誰にもわからない。確実な予測は誰にも立てられません。蓋然性の高さに応じて、「プランA」「プランB」「プランC」くらいまでは対応策を講じておきますけれど、実際には予測もしなかったことが起きて、かねて用意のプランが全部無用になる、というようなことは日常茶飯事です。

問題なのは、過去のある時点では「高い確率で起きると予測されたこと」が起きなかった場合、僕たちは自分がそんな予測を立てていた事実そのものを忘れてしまうということです。

でも、自分が過去のある時点でどういうふうに未来を予測して、その予測を勘定に入れて判断したり、行動したりしていたのかをころっと忘れてしまうというのは自分の知性の働きを検証する上ではあまりよいこととは思われません。僕たちはどんな時でも、必ず未来予測をしています。その期待の地平のうちで生きている。でも、その「過去における未来予測」が外れてしまうと、その時の自分がどういうふうに世界をとらえていたのか、どういう仮説を立てていたのかをまるごと忘れてしまう。現実にキャッチアップするのに忙しいから仕方がないと言えば仕方がないのですが、それにしても、ちょっと過去の自分に対して敬意を欠いているような気がします。

うちの娘は中学高校時代にぜんぜん学校の勉強をしない子でした。大人になってから「あの頃ぜんぜん勉強しなかった理由を不意に思い出した」と教えてくれたことがあります。『ノストラダムスの大予言』を少し信じていたからだそうです。予言によると、一九九九年の七月に世界が滅亡するらしい。「だったら、勉強なんかしてもしかたがない」という気分が同世代にかなり横溢していたんだそうです。なるほどね。一九九九年の七月に（幸いなことに）世界は滅びなかったので、みんな自分たちがどうして高校生の頃にあれほど学習意欲を欠いていたか、その理由をころっと忘れてしまっていたのでした。

ホームズの言う「遡及的推理」とは

既成事実を点でつないで、そこに因果関係を探るのとは違う推理の仕方があるということを明言したのは誰あろうシャーロック・ホームズです。

ホームズ自身はこの推理法を「遡及的に推理する」（reason backward）と呼んで、ワトソン君にこう説明しています。

「多くの人はある出来事について知ると、その次に何が起こるかをまず考える。けれども、ある出来事があったことを教えると、それが起きる前に何があったのかを、独特の精神のはたらきを通じて思量することのできる者が少数ながら存在する。この能力を私は『遡及的に推理する』あるいは『分析的に推理する』と呼ぼうと思う」（Arthur Conan Doyle, A Study in Scarlet, in "*Sherlock Holmes, The complete novels and stories, Volume 1*", Bantam Classics, 1986, p.115-116）

ホームズの言う「遡及的推理」とは、ある出来事があったと聞くと、「次に何が起きるか」ではなく、「それが起きる前に何があったのか」を遡及的に知ろうとすることです。その前段の中には、「起きると予測されていたけれど、起きなかったこと」も含まれます（ノストラダムスの大予言とか）。起きる蓋然性の高いことがあれば、それを勘定に入れて僕たちは行動します。でも、それが起きなかった場合、どうして僕たちは「あんなこと」をしていたのか、自分でもわからなくなる。「後知恵」というのは、言い換えれば、「過去の自分の予測がはずれたことを認めない」ということです。そして、ほとんどの人間は「後知恵」に基づいて過去について語る。

僕の「どうしてアメリカではマルクス主義は定着しなかったのか？」という問いを「ばかばかしい問いだ」と思う人たちもいくらでもいると思います。もしかすると、ほとんどの歴史家は「ばかばかしい問いだ」と切り捨てることでしょう。起こらなかったことを論じて何になるのか、と。でも、それはただの後知恵です。

「『マルクス主義がアメリカになぜ定着しなかったのか？』そんなばかばかしいことを論じるのは時間の無駄だ」と、例えば一九一九年のアメリカのメディアで公言するためには、それなりの覚悟が必要だったでしょう（少なくともコミュニストたちに袋叩きにされる覚悟が）。一九五〇年にアメリカの上院の非米活動委員会でそう証言する場合にも同じような覚悟が必要だったでしょう（マッカーシーに愛国心を疑われる覚悟が）。それは活動家たちの一部と、司法官僚の一部は「マルクス主義はアメリカ社会に深く定着している」という判断を共有しており、それに基づいて運動方針や政策決定をしていた時期がかつてあったからです。僕たちは、過去のある時期、アメリカがマルクス主義の理論と運動の一大中心地であり、アメリカがマルクス主義運動の拠点となると予測された時代があったということをすっかり忘れています。でも、たしかにそういう時代があったのです。でも、その末来予測は大きく外れることになった。

どうして、相当数のアメリカ人によって共有されたその未来予測は外れることになったのか？　いったい何が起きたせいでそうなったのか？　それを問うことは決して「ばかばかしい」ことではないと僕は思います。歴史家は興味を示さない問いかも知れませんけれど、少なくともＦＢＩのどこかのセクションで、この問いは一度は立てられたことがあり、レポートも提出されたと僕は思います。それが「部外秘」のスタンプを捺されて、ついに日の目を見ることがなかったとしても。

アメリカとマルクスに関する最近の研究をふまえて

本書『若者よ、マルクスを読もう』の番外企画として一昨年（二〇一六年）、ドイツとイギリスに旅しましたが、その際、マルクスの故郷のトリーアで、ブランデンブルク科学アカデミーのユルゲン・ヘレス博士からレクチャーを受けたことがありました。その夜の会食の席で、僕が「アメリカにおけるマルクス受容に興味があるんですけど、それについての研究書ってみつからないんです」とこぼしたところ、ヘレス先生が、「最近、それについての研究書が出たよ」と教えてくれました。でも、タイトルを忘れたので、後でメールで教えてあげるよと言われたのです。

その晩、その会話のことをツイッターでつぶやいたら、すぐに、「それは *An Unfinished Revolution: Karl Marx and Abraham Lincoln*（未完の革命——カール・マルクスとエイブラハム・リンカーン）という書物ではないか」というリプライをくれた方がいました。すぐにアマゾン（Amazon）で検索して、手元のキンドル（kindle）にダウンロードして、翌日から読み始めました。便利な世の中になったものです。

日本に帰ってからも、引き続き「アメリカ」と「マルクス」という二つのキーワードで検索して、いくつか本を探し当てました。本日のお話は、その成果を踏まえたものでして、乏しい知見ではありますけれど、いずれもそれほど知られていない歴史的事実ですので、それをみなさんと共有して、マルクスを理解する一助としたいと思っております。

「どうしてアメリカにマルクス主義が定着しなかったのか？」という問いに対する僕の個人的な答えを先に申し上げてしまえば、「いくつかの偶然が重なって」ということになります。特段の歴史的な必然性はなかった。つまり、アメリカにマルクス主義が定着していても良かった、ということです。二一世紀のアメリカの知識人たちが今もマルクスを読み、マルクスを引用し、マルクスについて語るという状況になっていても良かった。その可能性はあったのです。

でも、いくつかの偶然が重なって、マルクス主義はアメリカに定着せず、その結果、アメリカ人はいまあるような国民になり、二一世紀に入ってトランプのような人を大統領に選んでしまった。偶然に起きたことが、それからあとの世の中のかたちをがらりと変えてしまうということはあります。今のアメリカはそういう国です。現在の国情のかなりの部分までは「マルクス主義が定着しなかった」という歴史的偶然が関与していると僕は思います。

現在が石油を前提にした産業モデルになっている理由

マルクス主義の話に入る前に、アメリカが今のような国になったのには、いくつかの歴史的偶然が与っている例を他に挙げてみたいと思います。

アメリカ資本主義の成立を可能にした初期条件の一つに奴隷制があります。マルクスの生きていた時代のアメリカには、「疎外された労働」どころか奴隷制という非近代的な制度が存在していました。独立宣言という近代市民社会の教科書のような統治理念を掲げながら、アメリカ人は実際には奴隷制を維持していました。

奴隷というのはある種の「エネルギー源」です。奴隷商人から奴隷を買う初期費用はかなり高額ですけれど、いったん購入した後は賃金を支払う必要がない。それどころか家畜と同じように繁殖させることができる。放置しておくと増殖するエネルギー源などというものはこの世に存在しません。アメリカ資本主義はかなりの部分までこの奴隷制という特権的なエネルギー源の上に成立したものです。

でも、その奴隷制が南北戦争のときにリンカーンによって廃絶されました。アメリカは特権的なエネルギー源を失ったのです。しかしそのあと、奴隷制の欠落を補填する事態が偶然起こります。石油の発見です。一九〇一年にテキサスのスピンドルトップで一日一〇万バレルの石油が噴出します。新しいエネルギー源がほとんど無尽蔵に湧出してきた。化石燃料をベースにした産業構造がアメリカに成立し、世界中がこの産業モデルに追随して社会を設計することになります。二一世紀のいまも、人類は化石燃料をエネルギー源にした社会構造の中にいます。けれども、これもよく考えると偶然の帰結なのです。テキサスで石油が噴出した時点で、アメリカはすでにGDP世界一でした。産業構想の世界標準を決定することができる立場にいた。だから、石油ベース社会ができた。アメリカに石油が出なければ、おそらくそれ以外のエネルギー源にもとづく産業モデルがデフォルトになり、それ以後の世界のかたちはずいぶん変わったものになっていたはずです。

「北米移住」を理由にプロイセン国籍を離脱したマルクス

アメリカにマルクス主義が定着しなかったのも、それと同じようにいくつかの偶然によるだろうというのが僕の考えです。アメリカにマルクス主義が根付く可能性もあったということです。そう考えるに至ったきっかけの一つは、マルクス自身がアメリカに行こうとしていたと知ったからです。これについての『未完の革命』の記述を引用します。

「若きマルクスはアメリカへの、とくにテキサスへの移住を真剣に考えていた。彼は生地トリーア市長に手紙を書いて移民のための申請書類を要求することまでしていた」(Robin Blackburn, *An unfinished revolution :Karl Marx and Abraham Lincoln*, Verso, 2011,p.2)

〝テキサス人〟カール・マルクスという存在もありえたのです。マルクスが「北米移住」を理由にプロイセン国籍を離脱したのは一八四五年のことです。なぜマルクスはアメリカ移住を考えたか。もちろん第一次的にはそれは、ヨーロッパのどこにいても執拗に追ってくるプロイセン政府による政治的弾圧から逃れるためでしたけれど、同時にアメリカが新しい労働運動の有望な拠点になるように思えたからです。

マルクスがアメリカに惹きつけられた最大の理由はホームステッド法です。四〇年代からアメリカでは、ヨーロッパから移民を受け入れ、その経済的自立を支援するために、公有地を払い下げる法制度が存在しました。ホームステッド（homestead）というのは「自作農場」という意味です。しかし、この制度の拡大は奴隷制を脅かすとして、南部諸州がこれに強く反対していました。南北戦争の争点の一つは、このホームステッド法の可否についての南北対立でした。

ホームステッド法制定を求める活動は一八四四年に始まっており、何度も議会に提出されては廃案になっていましたが、南部諸州が合衆国から脱退したために議会内に反対者がいなくなり、六二年に制定されました。これは、申請時に二一歳以上のアメリカ市民あるいはアメリカ市民になろうとする者で、家長であるかまたは二週間以上軍隊にいた者、連邦に叛逆したことのない者は、当該の公有地に定住し、住居を建て、五年間農業を営んだという実績があれば、一〇ドルの手数料だけで一六〇エーカーの公有地を無償で手に入れることができるという法律です。

この法律が制定されたおかげで、多くのヨーロッパ人がアメリカに渡れば政府が自営農としての生活基盤を提供してくれる制度があることを知り、次々とアメリカに向かいました。ホームステッド法はアメリカの急速な西部開拓を可能にした歴史的な重要な法律ですけれど、それ以上にマルクスはこの法律のうちに彼の考える社会運動に親和するものを見ておりました。

「われわれはこの運動が結果としてめざしているものが近代ブルジョワ社会の産業化を前に進め、現行の土地所有制への攻撃として、それをさらにコミュニズムに向けて駆動するものだと理解している」とマルクスは書いています（*Ibid.*, p.2）。

ホームステッド法の最初の草案が提示されたのは一八四四年のことです。マルクスが北米移住を計画したのはその翌年のことです。アメリカでは政府と議会が主導して、このように公正で、人道的な法律を制定することができる。そこにマルクスは希望を見出したのだろうと思います。

現に、北米移住を計画したドイツ人がたくさんいました。西部開拓の時代に、多くのドイツ人がアメリカに移民として渡っていたこと、彼らがその後独自の政治的プレゼンスを示したことについて、アメリカ史はあまり詳しく語ろうとしませんが、これは重要な歴史的事実です。ドイツ系移民たちをヨーロッパから新大陸へ押し出した決定的理由となったのは一八四八年の革命です。

アメリカにドイツ系移民が多い理由

一八四八年、ドイツで三月革命が起こります。ウィーン体制を覆して、自由主義的な立憲政体を創り出そうという運動です。フランクフルトで国民議会が開かれて、立憲的で民主的な政権ができるかもしれないという期待でドイツ中の民主主義者たちが沸き立ちました。しかし、この運動は反動的な政権によって激しい暴力的な弾圧を受けることになります。オーストリア帝国でも、フランスでも、四八年に企てられたすべての市民革命は失敗します。そして、とりわけ革命の夢破れたドイツとオーストリア帝国の活動家たちが、政治的弾圧を逃れ、新生活を求めて、アメリカ、イギリス、オーストラリアなどに移住したのです。

このドイツとオーストリア帝国からの移民はきわめて大規模なものでした。一八五三年の一年間だけで、ドイツからアメリカへの移民は年間で二五万人だったという統計があります。四八年革命をきっかけに大量移住してきたので、この集団は Forty-eighters（「四八年世代」）と呼ばれることになります。彼らは故国では活動的であっただけでなく、多くが高学歴で、高い社会的能力を持っていたため、移住先の国々でも重要な社会的地位を占めることになりました。

ドイツからアメリカに渡った移民たちは、ミシガン、イリノイ、ウィスコンシンという辺りに集中的に移住しました。ですから、それらの土地がそれからあと、新しい産業拠点となると同時に、アメリカにおける左翼運動の一大拠点にもなっていくわけです。ミシガン、ウィスコンシン、イリノイというとまさに二〇一六年の大統領選挙でドナルド・トランプに票を投じた「ラストベルト」を形成する地域ですが、その一五〇年前にはそれらの土地はアメリカに難を逃れた自由主義者や社会主義者たちの集住地だったのです（ちなみにトランプはドイツ系アメリカ人です）。

エンゲルスがこの「四八年世代《フォーティエイターズ》」の逃亡と移住を支援していたことはよく知られています。英国まで逃れて来た活動家たちは、エンゲルスのもとを訪ねて、彼から旅費の支援を受け、エンゲルスに送り出されて新天地に向かったのです。エンゲルス自身マルクスの死後、一八八八年にアメリカを訪れています。フリードリヒ・ゾルゲ（Friedrich Sorge,1828-1906）という人物に会うためです。

フリードリヒ・ゾルゲは、一八七〇年に第一インターナショナル（国際労働者協会 International Workingmen's Association）のアメリカ支部を立ち上げたドイツ系移民です。「四八年世代」の典型のような人で、革命に関与した罪でドイツで死刑を宣告され、スイス、ベルギー、ロンドンと逃れて、五二年にニューヨークにたどりつきます。彼が五七年に結成したニューヨーク・コミュニスト・クラブ（New York Communist Club）がおそらく「四八年世代」のドイツ系革命家によって組織されたアメリカ最初のコミュニストグループだと思います。ゾルゲは七一年には二万人の労働者を率いて、パリ・コミューン支援と八時間労働を要求してデモをしています。そして、七三年に第一インターの本部がロンドンからニューヨークに移転すると同時に、その書記長になります。

いま聞くと驚く人が多いでしょうけれども、一八七三年時点で、ニューヨークは世界の労働運動の一大拠点だったのです。そして、その時の第一インターの書記長はアメリカ人だったのです。

ですから、マルクスは当然にもアメリカにおける労働運動の展開と深化に深い関心を寄せていました。

『ルイ・ボナパルトのブリュメール一八日』はアメリカの雑誌への寄稿

「新ライン新聞」時代からのマルクス、エンゲルスの同志にヨーゼフ・ヴァイデマイヤー

（Joseph Weydemeyer,1818-1866）という人物がおります。彼もやはり四八年の革命の後、アメリカに逃れた人です。そして、ニューヨークで『革命（Die Revolution）』というドイツ語雑誌の刊行を計画していました。その時、一八五一年にパリでルイ・ボナパルトのクーデターがありました。でも、いったいこれが歴史的に何を意味するのかよくわからない。たしかにわかりにくい政治的事件でした。こういう問題について、快刀乱麻を断つような解説を求めるとしたら、ロンドンのカール・マルクスの他におりません。そう考えて、ヴァイデマイヤーはロンドンのマルクスに対して、フランスで起きた事件について、アメリカに住むドイツ語話者のためにドイツ語で解説記事を書いて欲しいという非常にこみいった依頼をします。それに応えてマルクスが書いたのが『ルイ・ボナパルトのブリュメール一八日』です。

『ルイ・ボナパルトのブリュメール一八日』を僕はマルクスの「最高傑作」と評価しておりますけれど、マルクスの「ノンフィクション作家」としての天才を遺憾なく発揮した作品です。

不思議なのは、この本が扱っている素材そのものが「お粗末」であることです。二流三流の政治家や軍人がぞろぞろ登場してきて、くだらない動機でろくでもないことをする。

共感できる人物が一人も登場しないこのノンフィクションは、それにも関わらず読み物としてすばらしいクオリティを具えるに至りました。その理由は、フランスの出来事についての解説を、ロンドンのマルクスが、ニューヨークの雑誌に、アメリカのドイツ語話者のために書いたという幾重にも絡まった複雑な執筆事情のせいではないかと僕は思います。マルクスはここで「説明」のために例外的な筆力を発揮せざるを得なかった。

ルイ・ボナパルトのクーデタから一五〇年が経った今、この政治的事件のことはたぶんもう誰も覚えていませんし、それに特段の歴史的重要性があると思っている人もいないでしょう。でも、マルクスの「解説」だけは今に至るまで世界中で読まれ続けています。事件の歴史的重要性と、それについて書かれた解説の「知的」な価値は相関しないということです。

ニューヨークで最大部数の新聞に寄稿

『革命』誌に『ブリュメール一八日』が掲載されたのと同じ年からマルクスの『ニューヨーク・デイリー・トリビューン（New York Daily Tribune）』への連載が始まります。おそらくは『ブリュメール一八日』を読んだ編集長ホレス・グリーリー（Horace Greeley,1811-72年）

が「このカール・マルクスというロンドン在住のジャーナリストに国際政治、国際経済についての分析記事を書いてもらおう」と思ったのでしょう。

グリーリーは当時のアメリカのリベラルを代表する政治家・ジャーナリストで、ホームステッド法の推進者として知られていました。ですから、マルクスは当然グリーリーの名前を知っていたはずです。でも、グリーリーがマルクスの『共産党宣言』や『ヘーゲル法哲学批判序説』を読んで、それが気に入って登用したとは考えにくい。

四一年創刊の『トリビューン』は発行部数二〇万部。これは当時ニューヨークで出されていた新聞の中のトップです。全米でもおそらく第一位だったと思われます。ニューヨークの人口が五〇万人だったときに二〇万部出していたのですから、どれくらい読まれていたか想像できると思います。『トリビューン』は一八四〇年代から七〇年代にかけて、アメリカで最も影響力の強いメディアの一つでした。マルクスはそこに定期的に寄稿することになったのです。

マルクスはロンドンで暮らすようになるまで英語はあまり得意ではなかったのですが、『トリビューン』の特派員に任用されてから、勉強して、英語で記事を書くようになります。五二年から六一年まで一〇年間、マルクスはその職にありました。四〇〇を超す記事を書き、うち八四本はマルクスの署名なしで『トリビューン』の社説として発表されました。この時期のマルクスの生計を支えていたのはこの特派員としての収入だったのです。

一八五二年から六二年までの一〇年間に四〇〇ですから、ほぼ一〇日に一度、『トリビューン』の読者たちはマルクスの記事を読んだことになります。それはちょうど南北戦争が始まる前の一〇年間に当たります。アメリカのリベラル系市民の二〇万人は『トリビューン』を読んで、世界中の出来事について、イギリスの帝国主義やインドの植民地支配や清朝の没落やアメリカの奴隷制度などについてのマルクスの精密で切れ味のよい分析を読み続けていたのです。これがアメリカ社会の世論形成にまったく影響を与えなかったということは考えられません。この時期のアメリカのメディアには、世界の政治経済の問題について、マルクスほど豊かな知識を持ち、広々とした歴史的展望のうちで論ずることのできるジャーナリストがいたでしょうか。特定の領域についてはマルクスよりも詳しい人はいたでしょうけれど、どんな論件でも扱うことができ、それらすべてをみごとに明快なパースペクティヴのうちで解説するという力業を発揮できたジャーナリストが他にいたとは考えられません。

マルクスは各国史の枠にとどまらない

僕らは世界史を各国史として習います。でも、これはよく考えるとおかしな話で、国民国家というのは近代になって成立した政治単位ですから、現存の政治的枠組みを前提にして、その枠組みを通じて過去の出来事を叙述してゆくと、国民国家形成以前の、あるいは形成の渦中で起きたできごとのうち、その後の国民国家の「物語」にうまくなじまないものは自動的に排除されてしまう。

マルクスのような人物の場合は、いったいどこの国の「国民国家の物語」に回収できるのか。マルクスはプロイセン領内で生まれますが、父母共にラビを輩出してきた篤信のユダヤ人家庭です。政治的弾圧を逃れて、フランス、ベルギー、イギリスと転々としますが、プロイセン国籍を返還してからは死ぬまで無国籍者でした。

こういう人物を一体どこの国の「各国史」のうちで論じたらよいのでしょう。「住んでいた土地」の史書にはエピソード的に登場するかも知れませんが、マルクスが一八四八年から没年まで三五年住んだからといってイギリスの歴史家はマルクスを「イギリスの思想家」として扱うことはしないでしょう。まして、アメリカの歴史の中にマルクスのための場所があるはずはありません。けれども、マルクスはアメリカの大新聞の特派員として生計を立てていた時期があり、記事を通じてアメリカの世論形成に少なからぬ影響を及ぼしていたのです。

とはいえ、たぶんアメリカの歴史書の中で、一九世紀アメリカにおけるマルクスの影響についてあえて一節を割く歴史家はいないでしょう。「ロンドンに住んでいる無国籍の亡命ドイツ人がアメリカ人のものの考え方に影響を与えた」という構図そのものが国民国家史観となじまないからです。でも、そういう固定的なものの見方では、歴史のある側面はシステマティックに見落とされてしまう。

ヴァイデマイヤーとアメリカ

先ほど、マルクスの同志としてヨーゼフ・ヴァイデマイヤーと、フリードリヒ・ゾルゲの二人の名を挙げました。この二人はアメリカ史においても、マルクス主義の歴史においても重要な人物ですので、その伝記的事実を少し詳しくご紹介したいと思います。

ヨーゼフ・ヴァイデマイヤーは一八一八年生まれで、六六年没。マルクスと生年は同じです。マルクス、エンゲルスの古くからの同志で、『新ライン新聞』の編集者であり、『ドイツ・イデオロギー』の執筆に協力したこと、『ルイ・ボナパルトのブリュメール一八日』

の寄稿を依頼したことだけでも、マルクスの思想形成とその宣布に大きく関与した人物であることが知れます。

ヴァイデマイヤーは四八年世代の一人として、地下で出版活動を続けた後に、五一年にアメリカに移住します。そして、五三年には、八〇〇人のドイツ系移民たちを結集して、アメリカ最初のマルクス主義組織であるアメリカ労働者同盟（American Workers League）を立ち上げます。ここで優先的な課題として掲げられたのは、移民たちへの迅速な市民権付与、労働時間の短縮、児童労働の禁止、貧困家庭への学校教育の公的支援など。何よりも、「職業、言語、人種、性別を超えたすべての労働者」の団結を訴えました。

ドイツ系移民の政治的存在感を一気に増したのは南北戦争でした。ヴァイデマイヤーはドイツ系移民をまとめてリンカーンを支持しました。戦争が始まるとヴァイデマイヤーはプロイセンでの軍隊経験を生かして、北軍の中佐のちに大佐に任ぜられ、ミズーリで砲兵連隊を率いてセントルイス攻防戦を戦いました。戦時中も戦後も、第一インターナショナルと連携して、アメリカにおける労働運動の組織化に努めましたが、南北戦争の終戦直後に病死します。

ヴァイデマイヤーの個人史は、マルクス、エンゲルスと共に四八年の市民革命を戦った若者が、故国を追われて、新天地アメリカに活路を求め、そこで女性労働者・黒人労働者にも等しく開放された先進的な政治組織を立ち上げ、『ブリュメール一八日』によってマルクスをアメリカの読者に紹介し、ドイツ系移民たちをリンカーンの支援者として組織し、彼らを通じてマルクスの思想を共和党の政策に反映させようと企て、南北戦争が始まると三〇万人のドイツ系移民とともに北軍に加わり、北軍の勝利に大きな貢献をした……という波乱に満ちたまことにカラフルな生涯でした。

けれども、ほとんどの人たちは、アメリカ最初のマルクス主義政治組織の創設者がリンカーンの支援者で、南北戦争で北軍の指揮官をしていたというような歴史的事実を知りません。僕もこの課題で調べ始めるまで知りませんでした。各国史を通して過去を見る習慣のせいで、アメリカとマルクスはまったく無縁なものなのだとずっと信じ込んでいたからです。ですから、マルクス主義がアメリカに根付く可能性なんか「あるはずがない」と思い込んでいた。でも、それは繰り返し言うように、後知恵なんです。

南北戦争まで、マルクスとアメリカの政治状況の間には緊密なかかわりが存在しました。「四八年世代」のドイツ移民たちのアメリカにおける政治的プレゼンスはかなり大きなものであり、そこにロンドンのマルクスは深くコミットしていました。五二年から六一年までマルクスは『トリビューン』を通じて、アメリカのリベラル系の世論形成に強い影響を与え続けていました。リンカーンが南北戦争中に制定したホームステッド法をマルクスは「コミュニズムの前駆形態」とみなしていました。

ゾルゲとアメリカ

これらの事実を勘案するならば、それから後、「アメリカにおけるマルクス主義運動の深化と展開」ということが起きてもよかったのです。起きてもよかったのだけれど、起きなかった。それはなぜか。それが僕のこの発表の主題なのですが、話を先に進める前にもう一人、印象深い人物の事績に触れておきます。

フリードリヒ・ゾルゲは一八二八年生まれですから、マルクスやヴァイデマイヤーより一〇歳若い。やはりドイツの四八年革命に参加して、死刑宣告を受けて、ニューヨークに逃れます。一八五七年に反奴隷制のための組織『ニューヨーク・コミュニスト・クラブ』を創設します。一八五七年と言えば、ペリー来航の四年後、日本では安政年間。幕末の動乱が始まる頃です。この頃に、ニューヨークではコミュニスト・クラブが設立されたのです。南北戦争後、ヴァイデマイヤー亡き後、ゾルゲがマルクス主義のアメリカにおける代表的な宣布者となります。一八六九年、四六人の同志とともに第一インターナショナルのニューヨーク支部を設立。会員は二万人に及びました。

第一インターナショナルのニューヨーク支部には黒人労働者も女性労働者も加盟します。先ほども触れましたけれど、一八七一年のパリ・コミューンの時には第一インターのアメリカ支部は八時間労働や同一労働同一賃金と並んで、パリコミューン支持も掲げられました。その後、第一インターはバクーニン派とマルクス派の対立によって組織分裂が起こります。そして、七四年、第一インターナショナルは本部をロンドンからニューヨークに移し、ゾルゲが第一インターの中央評議会書記長に選出される。

マルクスの死後、一八八八年にエンゲルスがアメリカにまで会いに行ったのは、このゾルゲです。ゾルゲは当時政界を引退しており、ドイツのマルクス主義誌にアメリカにおける社会主義の歴史についての連載をしていました。「アメリカにおける近代社会主義の父」と呼ばれています。

なお一言付け加えると、フリードリヒ・ゾルゲはゾルゲ事件のリヒャルト・ゾルゲの祖父の兄弟に当たります。リヒャルト・ゾルゲはナチス・ドイツから派遣されたジャーナリストと身分を偽って日本で諜報活動をしていたわけですが、実はソ連のスパイだった。三代前は高名なマルクス主義者の家系なんですから、まさに「血は争えない」ということです。

リンカーンへのマルクスの祝辞と答礼

アメリカにおけるマルクス主義の歴史を見る時には、この二人の事績を知るだけで、だいぶいろいろなことが見えてきます。「四八年世代」、マルクスの『ニューヨーク・デイリー・トリビューン』への寄稿、「四八年世代」のリンカーン支持と北軍への参加、第一インターナショナルの本部のニューヨーク移転、アメリカにおけるマルクス主義労働運動の展開……そして、その中でたぶん最も印象的なエピソードは一八六四年のリンカーンの大統領再選の時に、マルクスが第一インターナショナルを代表して祝電を送っていることです。これについては『未完の革命』からそのまま引用しておきます。

「IWA（国際労働者協会）の中央評議会はカール・マルクスに、リンカーンの再選を祝うメッセージを起草するよう依頼した。共和党のスローガンは『自由な労働、自由な土地、自由な人間（Free Labor, Free Soil, Free Men）』であり、これは南部の『奴隷権力（Slave Power）』との対立を際立たせるために選ばれたものだったが、漠然とではあれ、労働者に権利と土地と承認とを賦与することを目指していた。これ自体は反資本主義ではない。だが、マルクスの言葉を借りて言えば、正しい方向への一歩ではあった」(Blackburn, *op.cit.*, p.47)。

祝電を送ってから一か月後、駐英アメリカ大使がリンカーンからの謝辞を第一インターに伝えました。その中で大使はこう書いています。

「アメリカ合衆国は、奴隷制を維持しようとしている叛徒たちとの現在の戦いにおいて求められているのは人間性の大義であると考えています。アメリカ合衆国はヨーロッパの労働者たちの支援の言葉から闘い続けるための新たな勇気を得ました」(*Ibid.*, p.49)。

マルクスが起草した祝電をリンカーンが受け取り、その返礼の言葉が大使を通じて第一インターの事務局に伝えられた。繰り返し言うように、僕たちは世界史を各国史として学びますので、リンカーンとマルクスが同時代人であること、リンカーンの大統領再選の時に二人の間に(大使を介してではあっても)メッセージのやりとりがあったことなど想像することもありません。でも、それは「アメリカとマルクスの間には何の関係もない」という今の僕たちに取り憑いている思い込みのせいで、組織的に見落とされていることなのです。

マルクスを失った喪失感の大きさ

さて、僕の作った年表（次頁）を見ていただければ分かりますが、一八七六年に第一インターナショナルが解散し、八三年にマルクスが死去すると、年表では、八三年から一九一七年のロシア革命までが空白になります。四八年の革命からずっと続いていたアメリカにおけるマルクスとマルクス主義をめぐるさまざまな運動がここで急に途絶してしまう。興味深い空白です。マルクスが死んだということは、コミュニズムの運動にとって、やはり深刻な衝撃だったということでしょう。

現在の僕たちにとって、マルクスは死人です。最初から過去の人だった。でも、この時代は違います。つい先ほどまでマルクスは生きていたわけです。「四八年世代」にとっては、マルクスはまさに同時代人でした。自分たちと同じ希望を持ち、同じ幻滅を味わい、同じ弾圧を受け、同じ逃亡生活を強いられ、同じ生活の辛酸をなめてきた同時代人です。自分たちが現に取り組んでいるそのつどの政治的課題について理論的な支援を与え、起きている出来事の歴史的意味を解説し、次になすべき行動を指示する同時代人でした。マルクスが同時代にいるということの「頼もしさ」と、その人物が死んでしまったことの「喪失感」

【年表　アメリカとマルクス・マルクス主義】

１８４８年	ドイツ３月革命　フランクフルト国民議会　革命の失敗後、多くのドイツ市民がアメリカに移住、Forty Eighters と呼ばれるアメリカ左派の中核を形成。
１８５１年	ヨーゼフ・ヴァイデマイヤー、ニューヨークのドイツ語誌『革命』を計画、マルクスに寄稿を依頼。「ルイ・ボナパルトのブリュメール18日」が52年５月に同誌に掲載。
１８５７年	フリードリヒ・ゾルゲ New York Communist Club を創設。
１８６４年	９月28日　第一インターナショナル (International Workingmen's Association) 創設。 11月８日　リンカーン、アメリカ大統領選に再選。マルクス祝電を送る。
１８６９年	ゾルゲ、第一インターナショナルニューヨーク第一支部を創設。
１８７６年	第一インターナショナル解散。
１８７７年	ゾルゲ、アメリカ社会主義労働党 (Socialist Labor Party of America) を創設。
１８８３年	マルクス死去。
１９１７年	ロシア革命。
１９１９年	９月　コミンテルン創設。　アメリカ共産党（Communist Party of America）と共産主義労働党（Communist Labor Party Party）が結党。J・エドガー・フーヴァー、司法省入省。同年11月から翌１９２０年１月にかけてパーマー司法長官による一斉検挙。「赤い恐怖」(Red Scare)。共産党地下組織化。
１９２０年	アナーキスト、サッコとヴァンゼッティ逮捕。（27年に死刑執行）。
１９２４年	アメリカ共産党が合法化され、ウィリアム・Z・フォスター（William. Z. Foster）が党首指名されるが、コミンテルンが拒絶。チャールズ・ルーゼンバーグ (Charles Ruthenberg) が初代党首に。レーニン死去。
１９２７年	トロツキー追放。
１９２８年	アメリカ共産党、コミンテルンの「第三期論」に基づき極左化。トロツキー派を追放。
１９２９年	ジェイ・ラブストーン（Jay Lovestone）がスターリンによって追放。同年、大恐慌。スターリンの支持を受けてウィリアム・Z・フォスターが党書記長となる。
１９３２年	フォスターがアメリカ大統領選に立候補（10万票獲得）。

1935年	コミンテルン第七回大会で、「人民戦線」路線が採択。
1936年	アメリカ共産党、ニューディール政策を支持。人民戦線が一定の政治的勢力となる。
1937年	エイブラハム・リンカーン大隊を組織、スペイン戦争に義勇軍を派遣。
1939年	アメリカ共産党党員10万人に達し、絶頂期。独ソ不可侵条約。知識人、リベラル派が離反。
1941年	ドイツのソ連侵攻を受けて、平和政策を放棄、ルーズベルトにソ連への援助と戦争介入を求める。人民戦線派と和解。国内の反共感情が一時的に緩和する。
1943年	コミンテルン解散。
1944年	党首アール・ブラウダー (Earl Browder) 共産主義者政治協会 (Communist Political Association) を創設し、人民戦線の恒常的共闘体制をめざしたが、45年に追放。ユージン・デニス (Eugene Dennis) が党首となる。
1948年	元党員エリザベス・ベントレー (Elezabeth Bentley) が政府部内の共産党スパイを告発（コントローラーはフーヴァー）。大統領選で民主党の大統領指名を逸したルーズベルト政権の副大統領進歩党のヘンリー・ウォレスを支援したが惨敗（全投票数の2・3％）。共産党と民主党の連携関係終わる。元共産党員ウィテカー・チェンバース (Whittaker Chambers) がルーズベルト側近だったアルジャー・ヒス (Alger Hiss) がソ連スパイだったと告白。
1950年	ジョゼフ・マッカーシーが共産主義者が国務省に潜入していると指摘。ドイツ系ユダヤ人、ローゼンバーグ夫妻がマンハッタン計画にかかわる機密情報をソ連に漏洩した容疑で逮捕。朝鮮戦争勃発。「アメリカ軍兵士が共産軍と戦って死亡するようになると、アメリカ合衆国共産党はそのほとんどすべての協力者を失った。」（『アメリカ共産党とコミンテルン』）
1953年	ローゼンバーグ夫妻死刑。
1956年	ソ連共産党第20回党大会でフルシチョフがスターリン批判。
1958年	ガス・ホール (Gus Hall) がデニスに代わってアメリカ共産党の党首となる。党員は３０００人にまで激減。60年代以降、ソ連のチェコスロヴァキア、アフガニスタン侵攻を支持。毛沢東主義を批判。ポーランドの連帯運動を批判。
1989年	アメリカ共産党がミハイル・ゴルバチョフの改革路線を批判。ソ連はアメリカ共産党への秘密援助を中止。党は壊滅状態に陥る。94年時点で党員１０００人。ほぼ政治的に無力化。

がどのようなものであったか、それは「マルクスが死んだ後に生まれて来た世代」である僕たちには容易に想像の及ばないことです。

僕たちは晩年のマルクスについて、「大英博物館にこもって『資本論』を書いていた人」という世捨て人のようなイメージを持っていますけれども、それは事実とは違います。世界の労働運動は生前のマルクスと何らかのつながりを持っていた。マルクスの著述から滋養と活力と知恵を受け取っていたのです。だから、何か世界史的な事件が起きたら、賛否にかかわらず、「マルクスなら、これをどう解釈し、どう分析するだろう?」とほとんど反射的に考えて、マルクスからの発信を待った。そのマルクスが、一八八三年に死んでしまう。マルクス以後は彼に代わって、あらゆることについて明快な分析を加えてくれる人がいなくなる。「あとは自分で考えなさい」ということです。

「アメリカン・ドリーム」と政治腐敗の「金ぴか時代」

けれども、実際にはマルクスの死以前から、アメリカにおける労働者運動は停滞し始めていました。それは南北戦争が終わってからアメリカが急激な資本主義の発展段階に入るからです。一八七〇年から一九〇〇年までの三〇年間を「金ぴか時代(The Gilded Age)」

と呼びます。命名したのはマーク・トウェインです。イギリスにおけるヴィクトリア時代、フランスにおける「ベル・エポック」とほぼ同時期に当たる急激な経済成長の時代でした。すべての領域で労働者の賃金が高騰し、六〇年代から九〇年代までで労働者の賃金は六〇％上昇しました。

一八六九年に大陸横断鉄道が開通し、一八九〇年にフロンティア消滅宣言がなされて、西部開拓の時代が終わります。それはホームステッド法を適用できる公有地がなくなったということを意味します。そして、一九〇一年のスピンドルトップでの石油の発見の時点で、すでにアメリカは工業生産は世界一になっています。

大陸横断鉄道の開通は、交通網の整備という以上の意味を持っています。それまでヨーロッパにはほとんど存在しなかった鉄道という巨大なビジネスが発生したということです。カーネギー、ロックフェラー、モルガン、ハースト、グッゲンハイム、スタンフォードなど、のちに「鉄道王」とか「鉄鋼王」とか「新聞王」とか「石油王」とか、そういう「何とか王」という異称で呼ばれる大富豪たちが登場するのもこの時期です。「アメリカン・ドリーム」という言葉が登場するのもこの時代です。どんな貧しい者でも、額に汗して働けば、誰にでも社会的上昇のチャンスがある、そう信じられていました。もちろん貧富の差はありましたし、九〇年代にロシア、東欧から流れ込んできたユダヤ人や、中国や日本からの移民は激しい差別を受けて、就業機会を制約されていました。それでも急速に「パイ」が大きくなっていた。パイが大きくなっている時には分配にばらつきがあっても人々はあまり腹を立てないものです。

「金ぴか時代」のもう一つの特徴は、政治腐敗です。リンカーンの暗殺の後、名の知られた大統領はほとんど出てきません。ユリシーズ・グラントは「アメリカ史上最悪の大統領」と呼ばれ、アンドリュー・ジョンソンは弾劾裁判にかけられた史上最初の大統領となり、ラザフォード・ヘイズは投票結果に疑念を抱かれ「イカサマ閣下」という不名誉な呼称で呼ばれました。当時の大統領は今よりはずいぶん権限が限定されており、力があったのは司法官でした。しかし、三権のうち最も力があった司法官たちが資本家に買収されて、企業利益のために規制法制を骨抜きにしたり、一部企業だけが利益を得るような法改正に加担したために、社会正義が地に落ちてしまいました。そして、資本家たちが堕落するにつれて、これに対抗する労働者の運動も、それに呼応するように過激化し、暴力的なものになってゆきます。

ロシア革命が世界標準になってしまう

そして、一九一七年、ロシア革命が起こります。ここから、アメリカにおける労働運動はその第二段階に入ります。それまではマルクス、エンゲルスと個人的に知り合いだった「四八年世代」や第一インター以来の同志たち、ドイツ系移民たちがアメリカにおける労働運動を牽引してきました。しかし、第二期以降に登場してくる活動家はもうそういう「マルクスを知っている」人たちではありません。第二世代はロシア革命にインスパイアされた人たち、レーニンを神話的な英雄とみなす人たちでした。ロシア革命を範とし、ロシア革命の運動論・組織論を金科玉条として押し戴く人たちが一九一七年以後の左翼運動の担い手となります。

これはしかたがないことでした。いやしくも左翼の運動に関わっている以上、革命を現に成功させてしまった国の指導者に反論することはできません。アメリカはロシア革命の四〇年前までは第一インターの本部が存在した「世界の労働運動の聖地」でした。ですから、アメリカにおける労働者の運動の経験と、そこでの理論の深化は、そのままあるべき労働運動の一例として世界に向けて提示することができた。場合によっては「世界標準」を要求することだってできた。

でも、ロシア革命が起きてしまった以上、事情は一変します。ロシア革命はアメリカ、ヨーロッパのすべての活動家から、その自負心を奪ってしまいました。現にロシアでは革命が成功し、欧米では革命の気配もないんですから。欧米諸国の活動家たちが「なぜわが国では革命的状況がすこしも醸成されないのか？」について精密な分析をしてみせても、そんなものには何の歴史的価値もありません。なにしろレーニン自身が『国家と革命』の巻末で「『革命の経験』をやりとげることは、それについて書くことよりもいっそう愉快であり、また有益でもある」と書いてしまったのですから、革命について論じても書いても仕方がない。そんな暇があったら、今、自分のいる場所で革命を実践するべきだということになる。

人は自分の目で現認したものの「現実性」あるいは「必然性」を過大評価します。自分の目の前で起きたことが「たまたま起きた」とは思わない。「宿命的に起きた」と思ってしまう。それが人性の自然です。ロシア革命は誰がなんと言おうと実現した革命でした。とにかく目の前で革命が起きてしまった以上、どの国の人々も、もちろんアメリカ人も「革命が間近に迫っている」と思った。「そんなことはあり得ない」と言い切れるだけの確実な根拠は誰も持てません。「革命の接近」を労働者たちは希望として、資本家たちは悪夢として、十分な客観的根拠のないまま、肌に感知していました。

もちろん、革命の接近にとりわけ過敏な反応をしたのは資本家たちでした。なにしろ、「金ぴか時代」に金に飽かせてしたい放題のことをしてきたことを本人たちは自覚していたからです。不正を働いて、私腹を肥やしてきたということは、他の人たちは騙せても、本人は知っています。警察を買収し、裁判官を買収し、議員を買収し、組合活動を暴力的に弾圧してきた。そこに青天の霹靂のようにロシア革命が起きて、ロシアの皇帝貴族をはじめ、資本家や富農たちがどんどん処刑されている。これは「うちでも起きるかも知れない」と不安になる。不安になって当然です。

アメリカでも爆弾闘争が

革命の切迫を最も恐れた人物の一人に司法長官ミッチェル・パーマーという人がおります。アメリカ人の「コミュニズムへの恐怖」を煽り立てることに大きな「貢献」を果たした三人のうちの一人です。三人とはミッチェル・パーマー（A. Mitchell Palmer, 1872 –1936）、J・エドガー・フーヴァー（J.Edgar Hoover, 1895-1972）と、そしてジョセフ・マッカーシー（Josef McCarthy,1908-57）です。

この三人は実は一つの系統に属しています。パーマーがフーヴァーを登用し、フーヴァーがマッカーシーを利用した。この三人のうちの誰か一人でもいなければ、アメリカの歴史はずいぶんと違ったものになっていたでしょう。

一九一七年のロシア革命直後から、アメリカでも過激派の社会主義者やアナーキストによる散発的な爆弾闘争が始まりました。今から振り返ると、一九一〇年代のアメリカで爆弾テロを行なって、革命闘争を展開しようとした人たちは誇大妄想狂のように思われるかも知れませんが、それはそれから後に起きたことを知っているからこそそう思うのであって、リアルタイムでは、アメリカで爆弾闘争テロを行うことで、革命的情勢を作り出すということはそれほど「非常識」な政治的選択肢ではなかったのです。

現に、レーニンは一九一八年八月に「アメリカの労働者たちへの手紙」の中で、「立ち上がれ、武器をとれ」と獅子吼し、一九一九年三月には、世界三七か国の労働者組織の代表者たちがモスクワに召集されて、第三インターナショナル（コミンテルン）の指導下に世界革命に邁進することを誓言していたのですから。

ロシア革命が成功してしまったということがどれほど圧倒的な現実であったのか、ソ連崩壊以後の時代を生きている僕たちには想像が困難です。けれども、リアルタイムで「成功した革命」がそこにあるとき、それが「有無を言わさぬ」ものだったということは理解できるはずです。

マルクスは社会主義革命が起きるとしたら、資本主義が成熟し、その階級的矛盾が最大化したイギリスやフランスだと予測していました。ですから、ロシアでの革命の報を、もしマルクスがその時まで存命して知らされたら、「ありえないことが起きた」と驚愕したことでしょう。そして、「なぜ革命が起きる蓋然性の低いロシアで革命が起き、革命が起きるはずだったイギリスやフランスではそうならなかったのか?」を問うたはずです。まさに「起きてもよいことが起きずに、起きるはずのなかったことが起きたのはなぜか?」を問うたはずです。マルクスならきっと「起きなかったことはなぜ起きなかったのか」について徹底的に思量したでしょう。でも、残念ながらマルクスはもう死んでいたし、歴史家たちは「起きなかったこと」の考察に知的リソースを惜しむので、このことは結局学的主題として深く考究されることはありませんでした。

ロシア革命がもたらした最大の教訓はこう言ってよければ、「起きるはずがなかった革命」でも起きてしまうことがあるということでした。それまで通用してきた革命の蓋然性についての理論が無意味になったのです。国によって階級情勢は違います。ですから、例えばアメリカの場合でしたら、「わが国ではまだそこまで階級情勢が成熟していないので、ここで時期尚早に軽挙妄動すべきではない。自重して、こつこつと労働者の組織を拡げ、市民の間に支持者を増やしてゆくことが当面の課題である」というような常識的な発言がほとんど無効になったということです。そんなことを言ったら、「何を日和見的なことを言っているのだ。ロシアでは同志たちが、その否定的状況にもかかわらず革命を成功させたのだ。今、ここで武装蜂起に立ち上がらないやつは現実から目を背ける卑怯者だ」と烈火の如く怒った革命的同志に徹底的に論破されてしまう。目の前に「成功した革命」のモデルが現に存在しており、レーニンやスターリンがそれから後にソ連や東欧でどんなことをするのか、まだ誰も知らなかったのですから。

第一次大戦直後のアメリカの経済社会

繰り返し申し上げますけれど、一九一〇年代のアメリカには「革命前夜」というような歴史的条件は整っていませんでした。でも、この時期の社会秩序は決して安定してはいません。第一次世界大戦への参戦は「デモクラシーを守るため」でしたが、その間、国内ではすさまじい「反民主主義」的、強圧的な政策が行われたからです。反戦、政府批判の主張をなすもの、兵役を逃れようとする若者は令状もなく、逮捕投獄されました。ですから、公安当局に対する労働者たちの不信と憎悪は募っていました。

戦争は一八年の秋に終わりますが、動員された四〇〇万人の兵士たち、軍需工場で働いていた九〇〇万人の労働者たちは、終戦によって行き場を失います。戦前に比べて、ドルの購買力は半分近くに下落し、食糧品も衣料品も二倍近くに高騰しました。ですから、戦後、職をもった労働者たちでさえ、家族を養うためには雇用条件の改善のために闘う必要がありました。

「一九一九年、アメリカの労働者の四分の三は肉体労働者だった。工場で、炭坑や銅鉱で、樹木の伐採場で、農場で、彼らは働いていた。多くの労働者は週六日、一日一二時間、時給は数ペニーという条件で働いていた。『搾取工場（sweat shops）』の時代だった。これらの労働者はクレジットも銀行口座を持たず、老齢年金にも保険にも加入しておらず、障害給付金もなかった。（…）けれども、労働者たちは無力ではなかった。彼らには組合があった。」（Kenneth D. Ackerman, Young J. Edgar, Hoover, the red scare, and the Assault on Civil Liberties, Carol & Graf Publishers, 2007, p.23）

無権利状態の労働者たちは組合を組織することで、資本家による搾取に対抗しました。

アメリカ労働総同盟（American Federation of Labor）は一九〇〇年には組合員五〇万人でしたが、一九年には一〇倍の五〇〇万人に達しました。戦争が終わり、政府による賃金抑制と愛国的奉仕を求める根拠はなくなりました。戦争が終わった翌年には一年間だけで三〇〇〇件のストライキが行われました。巨大な業界のどれかが毎週ストライキを打っているという時代でした。

「インフレ、雇用喪失、そしてストライキの続発という三連打はアメリカ全土を揺るがせた。産業界のリーダーたちは自分たちを愛国者だと言い立て、ストライキ参加者たちは国外の扇動者に操られるまま国を損なっている恩知らずの悪党、破壊工作者だと罵り、さらにこの扇動者たちは他ならぬあの恐るべきロシアから潜入していると訴えた」（*Ibid.*, p.23）

資本家たちは雇用条件の改善を求める労働者たちのストライキを押しつぶすために、労働組合はロシアの扇動者によって操られている、彼らは革命闘争をする気なのだと訴えました。その主張を彼ら自身がどれほど信じていたのかはわかりません。労働組合を孤立させ、弱体化させるために、話をおおげさにした可能性はありますけれど、それでも公安関係者を緊張させるには十分でした。

第一次の「赤い恐怖」とパーマー

この時期、司法関係者に取り憑いた「革命の切迫」に対する恐怖のことをアメリカ史では「赤い恐怖」（Red Scare）と呼びます。

ふつうRed Scareは「赤狩り」と訳されます。一九一七年から二〇年にかけての「第一次」と、一九四七年から五七年にかけての「第二次」と二つの「赤い恐怖」があります。映画や音楽業界から多くのリベラル派が放逐された「マッカーシズム」の名で知られる「第二次赤い恐怖」の印象が強いせいか「赤狩り」という訳語が定着していますけれど、第一次の「赤い恐怖」は「赤狩り」というような攻撃的なものではなく、むしろ「赤色革命の切迫に対する恐怖」という受動的な現象だったように思われます。

「第二次」の立役者であるジョセフ・マッカーシーは国務省内に大量のソ連のスパイがいると騒ぎ立てましたけれど、彼自身は別に本気で共産主義革命が切迫しているなどと思っていませんでした。そのことは、マッカーシーは自分が展開したスパイキャンペーンのほとんどすべてを中途半端なところで放り出していたことから知られます。彼は国務省、CIA、陸軍、軍需産業などあらゆるところに「ソ連のスパイが入り込んでいて、アメリカは存亡の危機にある」と言い立てていましたが、メディアの扱いが小さくなると、調査の熱意を失って、アメリカを彼の言うところの「存亡の危機」のうちに放置したまま次の話題に移ったのです。彼にとって「共産主義革命の切迫」というのは、そういうことを言い立てると次の上院選で多めに票が入るかもしれないという打算から選択された任意の選挙用争点のひとつに過ぎません。けれども、「第一次」はそれほどシニックな現象ではありません。革命の切迫というのはとりあえず統治者たちと資本家たちにとってはかなりリアルな恐怖だったからです。

この心的傾向を代表するのが、ウッドロー・ウィルソン大統領の右腕だった、司法長官のミッチェル・パーマーです。パーマー自身は熱心なクエーカー教徒の平和主義者の民主党員で、ウィルソンの掲げる「ニュー・デモクラシー」に賛同し、婦人参政権や児童労働禁止を支持するリベラルな政治家でしたし、司法長官着任直後は過激派の鎮圧についても抑制的でした。けれども、二度にわたって爆弾テロの標的となったことで態度を一変させます。とりわけ二度目の一九一九年六月二日の爆弾テロ（アメリカ全土で同時に八つの爆弾が同時刻に爆発した同時多発テロ）で、パーマーのワシントンの私邸が「アナーキスト・ファイターズ」を名乗る組織によって襲われ、パーマー一家があやうく難を逃れた事件によってパーマーは不安を募らせることになりました。そして、陸軍情報部、司法省、州警察、あらゆる組織を動員して集めた情報に基づいてパーマーは「武装蜂起は近い」という心証を形成します。十月革命の時のボルシェヴィキの実数は一〇万人。一九一九年時点でアメリカ国内に確信的な過激派は六万人と報告されていましたから、この予測はまったく妄想的なものとは言えなかったのです。

「情報を集めるほどにパーマーたちの警戒心は高まった。手に入る限りの情報を検討した結果、彼らは危機がアメリカに迫っていると確信した。必ずやさらなる攻撃が行われるだろう。問題はそれがいつ起こるかだけだった」（*Ibid.*, p.33）

パーマーはウィルソン大統領がヴェルサイユ条約でパリに釘付けになっている間に議会を説得して、社会主義者であれ、ボルシェヴィキであれ、アナーキストであれ、マルクス主義者であれ、組合労働者であれ、司法省が「反アメリカ的」とみなしたものを一網打尽にして、市民権を取得していないものは国外追放、市民権を取得しているものは収監できる法律を制定させました。この仕事を遂行するために司法省内に「赤狩り（Red hunt）」に特化したセクションを立ち上げることが急務となりました。その仕事に抜擢されたのがまだ司法省に入省したばかりのJ・エドガー・フーヴァーでした。

全米で一斉蜂起が起きるという妄想とその後

レオナルド・ディカプリオがフーヴァーを演じたクリント・イーストウッド監督の『J・エドガー』はこのパーマー邸への爆弾投下事件に若きフーヴァーが駆けつける場面から始まります。事実かどうかは分かりませんが、この事件を契機にしてフーヴァーはパーマーの信頼を得るようになります。

フーヴァーはパーマーの期待に応えて、「赤狩り」に辣腕を揮いました。しかし爆弾テロの犯人捜しは袋小路に入り、全国的な捜査でかたっぱしから容疑者を逮捕して自白を強要したにもかかわらず、何の手がかりも見出せませんでした。

こういう場合には二つの仮説があり得ます。一つは爆弾テロがごく小さなグループか単独犯による散発的な暴走であって、組織的背景がないという考え方。もう一つは、手がかりがまったくないのは、完全に秘密保持ができているほどに整然と統率された秘密の軍事組織が存在するからだという考え方です。パーマーとフーヴァーは後の方の仮説を採択しました。アメリカ国内には武装革命を着々と準備している巨大な反政府勢力が存在するのだが、それはあまりにみごとに組織されているので、警察も司法省のスパイも手が届かない。そう考えたのです。

その革命組織が一九二〇年の五月一日、メーデーの日に全米で一斉蜂起するという妄想にパーマーは取り憑かれました。情報を上げたのはフーヴァーです。彼は取り調べをした活動家たちが彼らの機関紙に書き散らす過激な言葉（「抗議ストから始まり、それを政治スト、さらには革命的大衆行動に拡大して、最終的に国家権力を奪取する」）ほどの政治的実力などないことを知りながら、パーマーに武装蜂起が切迫しているという情報を上げました。それを信じたパーマーは五月一日に、ニューヨーク、ワシントンＤＣ、フィラデルフィア、シカゴなど全米の大都市のすべての公共施設と要人たちの私邸に警察官を総動員して厳戒態勢を命じました。この日三六〇人におよぶ過激派が逮捕投獄されましたが、メーデーには何も起こりませんでした。全国の新聞はパーマーの「五月革命」を嘲笑することになりました。

パーマーはこの事件の直前まで、その仮借ない過激派弾圧を好感されて、民主党の次期大統領候補と目され、ウィルソンの次のホワイトハウスの住人となることがほぼ確実視されていました。しかし、このメーデー事件がきっかけになって、一気に人気を失い、民主党候補者の指名を断念することを余儀なくされます。そして、壮大な空振りに終わった

「パーマーの五月革命」は司法省の捜査能力に大きな疑問を投げかけることになりました。

パーマーからフーヴァーへ

一九二四年、パーマーの後任として司法長官に任ぜられたハーラン・F・ストーンはパーマーのやり方（人権無視、令状なしの逮捕拘禁、連邦権力の濫用）を嫌い、組織の刷新をめざしていました。フーヴァーはパーマーの「赤い恐怖」工作の起案者であり、実行部隊の長でさえあったわけですから、ほんとうならパーマーの失脚によって、司法省内で出世のチャンスは消えたはずなのです。しかし、新任のストーンは省内に知人がおらず、フーヴァーがパーマーの下でそれほど大きな力をふるっているとは知りませんでした。まさか大学出たての若者がそんな「大仕事」を任されているはずがないという先入観にとらわれて、「パーマー時代に中枢にいなかった若手」を抜擢して、組織を刷新するという人事計画を立てて、あろうことかフーヴァーを新たに立ち上げる捜査局の責任者に任命してしまったのです。こうしてフーヴァーは一九二四年から七二年に死ぬまで、四八年にわたってアメリカの公安のトップに君臨し続けることになったのでした。

フーヴァーはＦＢＩ長官として八代の大統領に仕えましたが、誰も彼をクビにすることができませんでした。大統領をふくむすべての政治家について徹底的にプライヴァシーを調べ上げ、そういう秘密情報によって歴代大統領を脅し続けたからです。フーヴァーが死んだのはニクソン大統領の時でしたが、ホワイトハウスからフーヴァー家に職員が派遣され、「どこかに秘密の金庫がある」とまず家探しをさせました。フーヴァーは人を信じず、遺言に集めた政治家たちの秘密ファイルを個人秘書の女性に管理させていたのですが、遺言に従ってすべて燃やされたそうです。

なお、パーマー時代の忘れがたい事件に「サッコとヴァンゼッティ」の冤罪事件があります。ニコラ・サッコとバルトロメオ・ヴァンゼッティという二人のイタリア移民が死刑になった事件です。サッコは靴職人、ヴァンゼッティは魚の行商人でした。思想的にはアナーキストでしたけれど、別に過激な政治行動をしていたわけではありません。この二人が強盗殺人の容疑で逮捕されました。アリバイもあるし、目撃情報もいい加減だったのですが、判事がパーマー司法長官に認められて出世しようと強引な審理を行い、死刑判決を下しました。

二人が逮捕されたのが五月五日、パーマーの「五月革命」が大誤爆に終わったわずか四日後です。警察側としては、自分たちの失敗を取り繕うために、何が何でも過激派による暴力が社会不安を醸成しているという印象を国民に与える必要があった。そういう文脈の中で起きた事件です。

死刑執行は二七年です。七年間執行されなかったのは、アメリカ国内外で冤罪事件に対する反対運動が起きたからです。ドス・パソス、アナトール・フランス、アルバート・アインシュタイン、ジョン・デューイなど著名人が反対運動に名を連ねました。ムソリーニもこれはイタリアの移民に対する不当な弾圧だとして、介入しました。死刑執行から半世紀経った一九七七年に、冤罪であることを合衆国政府が公式に認めました。

パーマーとフーヴァーがアメリカ政治の表舞台に登場するのが一九一九年です。コミンテルンが創設され、国際共産主義運動が全世界に展開しようとしているまさにその時期でした。アメリカにもロシア革命の熱気はロシア系移民を核にして伝播しました。この新しい革命運動は、それまでアメリカ社会に根を下ろしつつあった労働者運動とまったく異質なものでした。「四八年世代」が持ち込み、『トリビューン』と南北戦争を経由して、リンカーンの政治と同伴してきたマルクス以来の「アメリカ・マルクス主義」の伝統はここで断絶します。

この時期には労働運動の主体もまた移民たちでした。ですから、パーマーによる過激派弾圧では、いまだ市民権を所持していない活動家たちを名指す言葉が「外国から来た赤（Alien Reds）」であり、彼らへの対処法の切り札が「本国送還」だったのです。運動を指導したのはコミンテルンでした。これはもうアメリカの草の根民主主義とは縁もゆかりもないものです。ロシア革命の成功により、ひとにぎりの前衛党が大衆を指導する武装闘争の有用性が「証明」されてしまった以上、もう「アメリカ土着の、アメリカに根を生やしたマルクス主義」など出て来る余地はありません。

アメリカ共産党の初代党首はコミンテルンが指名

アメリカ共産党の創設は一九一九年です。アメリカ社会党から分裂して創立されました。

アメリカ社会党は比較的穏健な左翼政党で一九〇一年に創設され、連邦議会に二名の議員を送り、州議会、市長などにも多くの代表を送る一大勢力でした。党首ユージン・V・デブス（Eugene Victor Debs,1855-1926）は五度にわたって大統領選に出馬し、一九一二年の選挙では得票率の六％、九〇万票を集めました。そこそこの政治勢力だったのです。社会党には、組合活動家からボルシェヴィキまでほとんどすべての左翼が結集していました。

しかし、ロシア革命を契機に、レーニン主義を掲げる二つの「左翼セクション」が一九一九年の八月にここから分派します。一つは「アメリカのレーニン」を任じたルイス・フレイナ（Louis Fraina,1892-1953）とロシア移民たちを中核に結成したアメリカ共産党（Communist Party of America）、もう一つはアメリカ人たち、ウィリアム・ブロス・ロイド（William Bross Lloyd,1875-1946）、ベンジャミン・ギトロウ（Benjamin Gitlow, 1891-1965）、ジョン・リード（John Reed,1887-1920）らが結成した共産主義労働党（Communist Labor Party）です。

この二つの党派は綱領的にはほぼ同一で、違いはロシア人が指導者かアメリカ人が指導者かという人種構成の違いだけでした。二党合わせて約五万人の党員のほとんどが社会党の離党者でした。

党員たちは意気盛んでしたけれども、フーヴァーが送り込んだスパイたちは両党のすべての集会に出席し、その発言や議決を記録し、活動家全員のリストを作成していました。両党とも国家転覆をマニフェストに掲げており、そのことを全く隠そうともしませんでしたが、これは一九一八年制定の「移民法」違反事由に相当するため、司法省は両党のメンバーでアメリカ市民権をまだ取得していない者は好きな時にいくらでも国外追放できる法的根拠を手にしていました。

先ほど申し上げたように、一九一九年の一一月からフーヴァーが下絵を描いた、過激派外国人の一斉検挙と本国送還が開始されます。アナーキスト、エマ・ゴールドマン（Emma Goldman1869-1940）をはじめとする数千人の移民たちが国外追放されました。パーマーはこの果断な措置によってアメリカを武装蜂起から救った「救国の英雄」ともてはやされ、ウッドロー・ウィルソンの支持率が急落する中、民主党の大統領指名に指がかかったのでした。

活動家の大量追放によってアメリカ共産党、共産主義労働党は活動の停滞を余儀なくされます。二一年に頽勢にあったこの二党が合併して、二四年に合法組織化されて活動が復活します。その時点ではアメリカ共産党は完全にコミンテルンの下部組織となっていました。

合併して成立したアメリカ共産党で最初に党首指名を受けたのはウィリアム・Z・フォスター（William·Z·Foster,1881-1961）です。フォスターはアイルランド移民の子どもで、ほとんど学校教育を受けずに、労働運動で頭角を現し、党首に選ばれたのですが、コミンテルンはこれを拒絶し、別人が初代党首に指名されます。アメリカ共産党の党首人事をアメリカ人党員ではなく、コミンテルンが指名したということはアメリカにおけるマルクス主義の歴史の歴史的な汚点と言ってよいと思います。アメリカ共産党がそれ以後どのような綱領を策定し、どのような組織を作り、どのような運動を展開しようと、それはもうアメリカ人自身の功績ではありません。

知識人が共産党に接近してきたけれど

しかし、大戦間期に相当数の知識人がアメリカ共産党に雪崩れ込んでくるという興味深い現象が起こりました。一九一九年から一九三九年の二〇年間は、アメリカにおける左翼知識人とアメリカ共産党の蜜月の時代でした。

ニューヨークやボストンを拠点とする東部のリベラル派知識人は中産階級の出身ですから、アメリカにおける労働運動の実態を知りません。実際に労働者がどのような劣悪な労働環境で、どのように収奪されているか、現実的経験としては何も知らない。ですから、共産党に入党しても、あるいは同伴知識人として共産党の運動を支援するような場合でも、労働者たちからは「あんたたちのような中産階級に労働者の苦しみが分かってたまるか！」と一喝されると、返答に窮してしまう。その結果、運動方針を決めるのは労働者自身であり、彼らが決定したことにわれわれは異論を唱えるべきではないという非常に卑屈な態度をとるようになる。この時期のアメリカ知識人の共産党に対するアンビバレントな態度についてはこのような分析があります。

「社会からの亡命者であることを自己批判して矛盾した現実と関わっていくことを決意したカウリーのような知識人は、彼らの政治的漂流の過程で共産党に接近することになった。労働者との連帯が彼らにとって抽象的な概念でしかない以上、彼らは、労働運動を現実に指導している共産党やフォスターのような指導者に未来への白紙委任状を与えるしかなかった」（前川玲子、『アメリカ知識人とラディカル・ヴィジョンの崩壊』、京都大学学術出版会、2003年、35頁）

カウリーというのはマルコム・カウリー（Malcolm Cowley,1898-1989）のことです。二〇年代のフィッツジェラルドやヘミングウェイたち「失われた世代」に属し、大恐慌以後に資本主義の矛盾を自覚して、政治参加をめざした知識人世代のひとりです。「失われた世代の左傾化」を典型的に生きた知識人です。

「失われた世代」の特徴は「根を失っている」という感覚でした。故郷の街にも、マンハッタンの豪奢なナイトライフにも、ヨーロッパでの戦争にも、どこにいてもそこは自分のいるべき場所だとは思えない。そのような社会からの疎外感が大恐慌以後の労働者運動へのコミットメントによって癒された。何が自分たちを疎外してきたのかが可視化されたと思ったのです。資本主義体制が「敵」として認定され、それとの戦いに「自分のいるべき場所」を見出したと思ったのです。

このアメリカの知識人たちの共産主義運動への参加は、アメリカがコミンテルンの全面的な指導下から離れて、アメリカ固有の、建国の理念から草の根民主主義を経由した、アメリカ的な左翼の政治文化を立ち上げるためのあるいは最後のチャンスだったかも知れません。でも、そうはならなかった。

第二次大戦直前の絶頂期と転落

このあとのアメリカ共産党史は思想的にはとくに見るべきものがないのです。急ぎ足で年表を一瞥するだけにしておきます。

コミンテルンは、大恐慌を契機に資本主義は「第三期」に入り、この時期、組織労働者は激烈なゼネストを展開し、武装蜂起が起きて、ブルジョワの支配が終わるというシナリオを国際共産主義運動のために提示していました。各国の実情とかかわりなく、「武装蜂起は近い」というプロパガンダだけが喧伝されたのです。二九年にフォスターが今度はスターリンの支持を得て、党書記長になります。三二年、フォスターはアメリカ大統領選に立候補して一〇万票を獲得しました。これがアメリカ共産党史を通じて、大統領選での最多得票でした。

三五年にコミンテルン第七回大会で「人民戦線」路線が採択されました。ファシズムを主敵とみなし、便宜的に社会主義者やリベラル派のプチブル勢力とも同盟するという戦術です。アメリカ共産党もそれまでは社会主義者やリベラル派をブルジョワ勢力を左から補完する敵として認識していましたが、今度はコミンテルンの方針が変わったということで、「人民戦線だ」、「民主党とも組む」という話になります。いきなり一八〇度方針が変わったわけですけれど、コミンテルンの指示だからというので、内部における葛藤や討論もない。アメリカ共産党はルーズベルトのニューディール政策を支持することになります。あきらかな「変節」ですけれども、アメリカの有権者にはこれがむしろ好感されて、人民戦線は一定の政治的勢力として認知され、地方政治レベルでは、議員や首長を出したりするようになりました。

三七年にスペイン内戦が始まり、アメリカ共産党はエイブラハム・リンカーン大隊を組織して義勇軍を派遣します。この頃が左翼的知識人とアメリカ共産党の蜜月時代です。そして三九年、アメリカ共産党員は一〇万人に達して、絶頂期を迎えます。共産党が人民戦線時代にウイングを広げていって、多くのリベラル派や自由主義者との連携が成立した。

ところが、まさにその年に、スターリンとヒトラーが独ソ不可侵条約を結んで、世界中に衝撃を与えます。平沼騏一郎首相が「欧州の情勢は奇々怪々」と言って辞職しましたが、アメリカから見てもやはり奇々怪々でした。ファシズムと戦うための人民戦線だったはずなのに、それを言い出したソ連共産党が、人民戦線のまさに主敵であったはずのヒトラーと手を組んでしまった。当然、リベラル派、自由主義者が共産党に嫌気がさして、一気に離反してしまいます。

四二年にドイツが独ソ不可侵条約を破棄し、ソ連に進攻すると、コミンテルンは今度は「ドイツは敵だ」と言い出します。それまでアメリカ共産党は独ソ不可侵条約を支持する立場でしたから、ルーズベルト大統領に対して「アメリカはヨーロッパの戦争に参戦すべきではない」と働きかけていたのです。ところがコミンテルンの方針が変わると、一夜にして主戦論に変わる。昨日までは「戦争するな」と言っていたのに、今日になったら突然、「戦争をしろ」と言い出す。コミンテルンの指導下にあるアメリカ共産党の迷走ぶりと自立性のなさはここに極まりました。この事件でアメリカ共産党は国民的な支持基盤をまったく失ってしまいます。

大戦後の一直線の凋落

それでも、第二次世界大戦では、米ソが枢軸国を相手に友軍として戦いましたから、反ファシズム戦線の戦友としてのソ連に対するアメリカ国民の感情は、この時期それほど悪くはありませんでした。しかし、一九四八年に、そのソ連に対する穏やかな友情が決定的に破壊されます。元アメリカ共産党員エリザベス・ベントレーが政府部内にソ連のスパイが入り込んでいると告発する事件が起きたのです。ベントレーの密告をきっかけに、多くの政府職員がソ連のスパイとして摘発され、処刑されました。

ベントレーの密告に対して、リベラル派は「冤罪」を主張して、水掛け論が続きました。しかし、ソ連崩壊の後、コミンテルンの公文書も公開されることになりました。そこに「アメリカ共産党」というファイルがあり、アメリカ共産党とコミンテルンの通信文が残されていたのです。その文書にはソ連が相当数のスパイをコントロールしていたことが書かれておりました。

それから五〇年代になってジョセフ・マッカーシーが登場して、マッカーシズムの嵐が吹き荒れます。ローゼンバーグ夫妻がマンハッタン計画にかかわる機密情報をソ連に漏洩した容疑で逮捕され、五三年に死刑になります。

一九五〇年から朝鮮戦争が始まります。この時には、アメリカ軍兵士が侵略した共産軍と戦って、多くのアメリカ青年が死傷することになり、この時点で、アメリカ共産党は残りわずかだった国内協力者のほぼすべてを失うことになります。

これからあとのアメリカ共産党史には、もう言及するほどのことは含まれておりません。一九五六年のソ連共産党第二〇回党大会で、フルシチョフがスターリン批判をおこなったあとも、アメリカ共産党はソ連を支持し続けます。スターリン批判直後のソ連によるハンガリー動乱介入も支持しましたし、プラハの春へのソ連の軍事介入も、アフガニスタン侵略も支持しました。ソ連のすべての政策を支持したのです。

後にゴルバチョフがペレストロイカを開始した時には、ソ連共産党の守旧派とともにアメリカ共産党はブレジネフ路線を支持して、ゴルバチョフのペレストロイカに反対しました。ゴルバチョフがこれに怒って「もうアメリカ共産党への資金援助は止める」と決定して、このときにソ連との関連が切れてしまいます。「金主」を失ったアメリカ共産党は、その時点で組織的にゼロの存在となります。これほど一直線に凋落した政党は世界史的に見ても例外的ではないかと思います。

マルクス主義が根付かなかったのは必然ではなかった

「なぜアメリカという国にマルクス主義が定着しなかったのか?」 これが僕の最初の問いでした。それに対して、歴史的必然があったとは思わないと、冒頭に述べておきました。ここまでアメリカにおける労働運動の歴史を速足で振り返ってきましたが、おそらく皆さんも僕の判断を支持してくださると思います。もう少しまともな人が、必要なときにいてくれれば、違った結果になったのではないでしょうか。例えば、アメリカ共産党の内外に、もう少し硬骨な人、開放的な知性の持ち主がいれば、これほどのみすぼらしい凋落は食い止められたのではないか。

歴史を振り返ると、アメリカのマルクス主義は、最初はマルクスの直系のものとしてスタートしたのです。マルクスの同志たちによって組織が作られ、マルクスの思想が『ニューヨーク・デイリー・トリビューン』でアメリカのリベラル派の読者たちに直接に伝えられ、マルクスの世界観や社会観が多くのアメリカ人に受け入れられた。マルクスとリンカーンのかかわりを知れば、マルクスのコミュニズムとリンカーンの草の根民主主義を融合させたアメリカ固有の政治思想が生まれるチャンスはあったと僕は思います。

けれども、マルクスの死とともに「金ぴか時代」を迎え、労働者たちは「アメリカン・ドリーム」に酔いしれ、アメリカにマルクスの思想をもちこんだ第一世代が姿を消すとともに、アメリカにおけるマルクス主義の運動は一気に衰退してゆく。

そのあとロシア革命が起こり、今度はコミンテルンが登場してきて、アメリカにおける左翼の運動をひっかきまわし、政府内には、パーマー、フーヴァー、マッカーシーといったきわめて非寛容な反共主義者たちが力を持って、マルクス主義を「悪魔の教え」のように思いなす態度が一般化してしまった。

いくつかの条件によって、アメリカにはマルクス主義が根付きませんでした。でも、それは歴史的な必然だったと僕は思いません。何度も分岐点があったはずです。でも、一八八〇年代からあとは、間違った道を選び続けた。そのせいで、アメリカのマルクス主義が固有の発達を遂げ、政治理論として、社会理論として、経済理論として展開するチャンスを逸してしまった。

アメリカ共産党とマーク・トウェイン

マーク・トウェインが造型したハックルベリー・フィンというのはきわめて魅力的なアメリカ人です。以前、ハックルベリーがあの冒険の後、どんな大人になったんだろうかと想像したことがあります。トム・ソーヤーはたぶん、東部の学校に行って、それなりにうまく立ち回って金ぴか時代のアメリカで出世を遂げたことでしょうけれど、ハックルベリー・フィンはずっとあのまま、ミシシッピのあのあたりにごろごろしていたんじゃないでしょうか。そして、大人になってから、「ジムじいさん」との義理もあって、奴隷解放運動かなんかにコミットしてたんじゃないか。ハックが労働運動に関係した可能性があるとしたら第一インターナショナルの本部がニューヨークに移った頃でしょう。よく考えたら、ハックルベリー・フィンとカール・マルクスは同時代人だったんです。カール・マルクスがヨーロッパで革命運動をしている頃に、ハックルベリー・フィンはミシシッピでブルジョワたちや奴隷所有者たちの鼻を明かすような冒険をしていた。疎外された労働や奴隷への暴力やブルジョワたちの偽善については、マルクスとハックは同じような怒りを覚えていたんではないでしょうか。

一九五〇年代にアメリカ共産党書記長だったウィリアム・Z・フォスターは『アメリカ共産党史』という本を書いています。その前書きに、「アメリカの政治的な、経済的な、社会的な、芸術的な伝統を継いだ共産主義運動とは何か」を論じた箇所があります。そこには、アメリカ共産党はマーク・トウェインの精神を受け継いでいると書いているのを見て驚きました。作家で名前で挙がっているのは、セオドア・ドライサーとマーク・トウェインだけです。ドライサーは『アメリカの悲劇』という本を書いた左翼知識人ですからフォスターが名を挙げるのは分かるのですが、自分たちが引き継ぐべき文化的源流としてマーク・トウェインを挙げていることが印象的でした。

もしかすると、マーク・トウェインをアメリカにおける左翼思想の源流とするこの感覚はかなり広範にアメリカ人に共有されているものかも知れません。だとすると、もしアメリカにマルクス主義が土着して、独自の進化を遂げることがあったとしたら、それはカール・マルクスとエイブラハム・リンカーンの出会いだけではなく、マーク・トウェインとの親しい出会いのうちで成就したのではないかと僕は夢想するのです。それはずいぶんと手ざわりの優しいものになったことでしょう。

批評

現代アメリカ型「マルクス主義」への道

石川康宏

ぼくが初めてマルクスの本を読んだのは、立命館大学に入学した一九七五年、一八歳の時でした。それからもう四〇年以上になりますが、アメリカの共産党についてこんなに長くしゃべっている人を見たのは、今日の内田先生が初めてです。いろいろな情報があって、内田先生独自の視角があって、いつもながら他では聞くことのできないとても刺激的なお話でした。

さて、ぼくも何か話をとのことですが、今回のテーマは「マルクスとアメリカ」あるいは「マルクス主義とアメリカ」になると決まって、家の中をいろいろひっくり返してみたのですが、内田先生も言われたように、そのあたりがうまく見渡せる便利な本は見つかりませんでした。

そこで、ぼくの話は、身近にあった断片的な情報をできるだけ広く紹介し、可能なところをつなぎあわせて、みなさんに何か考えることの材料を提供させていただくと、そういうことになっていきます。内容は大きくわけると、マルクスやエンゲルスとアメリカとの直接のかかわりについて、もう一つは、アメリカ共産党とスターリン主義の関係です。戦後の一時期、アメリカ共産党にもスターリン主義からの自立を求める動きがありました。『若マル』の読者からは、内田先生と石川との話は交わっているのかいないのか、そこがわからないところが面白いと言われることがあるのですが、さあて、今日はどうなるのでしょう。やってみなければわかりません。

「民主共和国の思想」をマルクスは高く評価

まず、マルクスやエンゲルスとアメリカとの直接的な関係についてです。これについては「マルクス、エンゲルスとアメリカ」というそのものズバリのタイトルの読みやすい論文がありました。日本共産党の学習・教育局次長という肩書をもつ長久理嗣さんが『月間学習』という雑誌に二〇一三年二月号から八月号まで七回連載したものです。それを読むと、マルクスが経済や社会の発展、時々に起こる政治的事件、労働者運動の動きなど、様々な問題をめぐって、アメリカに長く強い関心を寄せたことがよくわかります。機会があれば、ぜひご覧になってください。

今日のお話の焦点は、アメリカでの労働者運動、それへのマルクスの評価ということになりますが、そこへ進む前に、マルクスの理論研究とアメリカというテーマについて、長久さんの論文も活用しながら少しふれておきます。

一つ目は、アメリカの「民主共和国の思想」をマルクスが高く評価し、これを理論的にも実践的にも受け継ぐ姿勢をしっかりもっていたということです。内田先生のお話にあったように、南北戦争が最終局面に向かう一八六四年一一月、リンカーンが大統領に再選されると、マルクスは「国際労働者協会（インタナショナル）」中央評議会の名で祝辞を送っています。その中でマルクスは、合衆国を「まだ一世紀もたたぬ昔に一つの偉大な民主共和国の思想がはじめて生まれた土地、そこから最初の人権宣言が発せられ、一八世紀のヨーロッパの革命に最初の衝撃があたえられたほかならぬその土地」と書きました。「最初の人権宣言」というのは、もちろん一七七六年のアメリカ「独立宣言」のことで、「一八世紀のヨーロッパの革命」を象徴したのは一七八九年に始まるフランス大革命です。

アメリカの独立宣言とフランスの人権宣言のかかわりについては、「独立宣言」に先立ってイギリスからの独立と共和国樹立の必要をアメリカで訴えたトーマス・ペインの『コモンセンス』が、その後、フランス語に翻訳され、フランス革命前に多くのフランス人に読まれたということもありました。

独立宣言の一部を、岩波文庫の『人権宣言集』（高木八尺・末延三次・宮沢俊義編、1957年）から紹介してみます。

まずは人権の宣言ですが「われわれは、自明の真理として、すべての人は平等に造られ、造物主によって、一定の奪いがたい天賦の権利を付与され、そのなかに生命、自由および幸福の追求の含まれることを信ずる」と。

そして、ただちに政府の存在目的と人民の革命権が語られます。「これらの権利〔すべての人の天賦の権利——石川〕を確保するために人類のあいだに政府が組織されたこと、そしてその正当な権力は被治者の同意に由来するものであることを信ずる」「いかなる政治の形体といえども、もしこれらの目的を毀損するものとなった場合には、人民はそれらを改廃し……新たな政府を組織する権利を有することを信ずる」（114頁）。

いまの日本社会にとっても、実に学ぶべきことの多い文章ですが、今日はその話には突っ込みません。

一八四八年にドイツでもブルジョア革命が勃発した時、マルクスは「ドイツにおける共産党の要求」で、第一項に「全ドイツは単一不可分の共和国であると宣言される」と書きました。王政の領邦諸国を人民の主権にもとづく単一のドイツ「共和国」にするということです。また、後年のマルクスは、ブルジョア革命ではなく、資本主義を超える未来社会への変革――いわゆる社会主義・共産主義への革命――に当たっても、その権力を打ち立てる闘いの場は民主共和制だとして、選挙をつうじた多数者の合意にもとづく平和的・民主的な変革の道を探求しました。さらに盟友エンゲルスは、マルクスが亡くなった後、この革命によって打ち立てられる新しい未来社会の政府も、民主共和制の形をとると明言しています。

マルクス等にとって、独立宣言が示した「民主共和国の思想」は、決して「否定されるべきブルジョア民主主義」などではなく、未来に引き継がれるべき貴重な財産とされたのです。これは、二〇世紀以後の歴史に登場した「社会主義」諸国とマルクスの思想の関係を見る時に、重要なポイントの一つとなるところです。

南北戦争はヨーロッパでのインタナショナル結成にも直結

もう一つは、マルクスによる南北戦争の評価、それから、それとヨーロッパにおける労働者運動との関係についてです。アメリカの黒人奴隷制は、すでにイギリスの植民地だった一七世紀の初頭に形成されていたようですが、それが急速に拡大するのは、イギリスからの政治的独立を達成した後の一九世紀のことでした。南部の大農場で綿花栽培が発展していきます。

一七七六年の独立宣言は、ただちに奴隷制度を廃止するものではなく、州ごとにいろいろな動きはありましたが、全体として奴隷制度はその後も容認されました。その中で、奴隷制を認めない自由州と、奴隷制を活用する奴隷州の対立が深まり、一八六〇年に、奴隷州をこれ以上広げないとしたリンカーンが、北部諸州の支持を得て大統領に当選します。すると、これに不満をもった南部の諸州が合衆国から離脱して「南部連合国」をつくり、一八六一年に合衆国政府への武力攻撃を開始します。こうして六五年まで続けられたのが南北戦争でした。六四年四月にリンカーンは暗殺されますが、六五年五月に南軍の降伏で戦争は終わります。

この経過からわかるように、南北戦争は大統領選挙の結果に表れた人民多数の意思を尊重せず、これを武力で覆そうとする南部の反乱によって開始されたものでした。実際、合衆国政府もこれを連邦政府への「反逆」ととらえ、マルクスも「奴隷所有者の反乱」と特徴づけました。ちなみにマルクスは、その後、この時の南部の動きに限らず、多数者の合意にもとづく社会改革の進展を、支配階級が武力をもって逆転させようとすることを「奴隷所有者の反乱」という言葉で表現するようになります。その代表例は、一八七一年のパリコミューンにフランス政府が行った攻撃をそう呼んだ『フランスにおける内乱』でした。この「内乱」はパリ人民の合意に対するフランス政府の「内乱」という意味で、マルクスはそれを「奴隷所有者の反乱」と呼んでいます（本書18頁）。

マルクスにとって南北戦争は『資本論』の草稿を執筆する最中に起こった、まったく同時代の出来事です。当然、その経過に関心を寄せ、南北のどちらが勝利するかをめぐって、エンゲルスが軍事体制の強弱から南軍が勝利すると予想し、マルクスが「奴隷制の廃止」という大義を掲げることの意義を強調して反論するといった手紙のやりとりもありました。

南北戦争とヨーロッパにおける労働者運動の発展の関係ですが、ロンドンに「労働者の解放」をめざす最初の国際組織となる「国際労働者協会」が創設（１８６４年）されたのは、この戦争中のことでした。それは時期がたまたま重なったというだけでなく、南北戦争と深いかかわりをもってのことでした。

機械制の大工業を確立させる産業革命を世界で初めて体験したのはイギリスですが、それを主導した綿紡績業は、アメリカ南部の綿花栽培に依存していました。そこで、そのアメリカで戦争が起こった時、イギリスの経済的支配層には安い綿花を確保しつづけるため、南部の奴隷州を支持する空気が広がります。これに対してイギリスの労働者は「北アメリカ擁護のための労働組合の大集会」（1863年）を開くなどして対抗しました。南北のどちらを応援するかは、イギリスの支配層と労働者運動の大きな対立の焦点にもなっていたのです。

この労働者の運動の高まりが、男子普通選挙権を求める運動や、ポーランドやイタリアの民族独立運動に連帯する取り組みなどと合流して、インタナショナルを結成させる力となりました。先のリンカーンへの祝辞には「アメリカの奴隷制反対の戦争が労働者階級の優勢という新しい時代をひらくであろう」という文言がありますが、それはこうした米欧の変化の関連を念頭においてのことでした。

アメリカの奴隷制を活用するイギリス資本主義

三つ目に、マルクスは『資本論』の中で、イギリス資本主義とアメリカ南部奴隷制の関係についても書いています。資本主義は「奴隷制、農奴制などの野蛮な残虐さの上に、過度労働の文明化された残虐さ」を接ぎ木する。「アメリカ合衆国の南部諸州における黒人労働は、生産が主として直接的な自家需要に向けられていた限りでは、穏和な家父長制的な性格を保っていた。しかし、綿花の輸出がこれら諸州の死活の利害問題となるにつれて、黒人の過度労働が、所によっては黒人の生命を七年間の労働で消費することが、打算ずくめの制度の要因になった。黒人から一定量の有用生産物をしぼり出すことは、もう肝要ではなくなった。いまや、剰余価値そのものの生産が肝要であった」（新日本新書判『資本論』第2分冊〔以下②と略記〕、400ページ）。資本主義は際限のない利潤追求を特徴としますが、その資本主義の下に組み込まれたことにより、奴隷労働の目的はどれだけの綿花を生産するかではなく、どれだけの利潤を生み出すかに変更されたということです。

こうしたイギリスとアメリカの関係をマルクスは「植民地」という言葉でも表現しました。機械制大工業の形成と発展が、世界に、工業国と「農業を主とする生産地」との「新しい国際的分業」をもたらした。「合衆国の経済的発展は、それ自身ヨーロッパ、とりわけイギリスの、大工業の産物である。合衆国は、そのこんにちの姿（1866年）においても、相変わらずヨーロッパの植民地と見なさなければならない」（③780頁）。この時、アメリカは独立宣言からすでに一〇〇年近くになっていますから、ここでの「植民地」は領土的な支配をいったものではありません。政治的には独立した下でのいわば経済的な植民地ということです。

この関係の中で、マルクスは、イギリス綿紡績業の発展がアフリカからアメリカへの「黒人貿易」の発展を加速し、新たにアメリカに「黒人飼育」という新事業を生み出したことも告発しています。奴隷貿易への批判が強まる中で、アメリカでは一八〇八年に奴隷の「輸入」が禁止されました。しばらくは「密貿易」がこれを補いましたが、一八三三年にイギリスが植民地での奴隷貿易を廃止したことで、それも無理になってきます。そこで急速に拡大したのがアメリカ国内での奴隷の生産と販売で、それは「境界奴隷制諸州の主要事業」になったというのです。「境界奴隷制諸州とは、北部諸州と南部諸州とのあいだの中間奴隷制諸州のことであり、これらの州は、輸出用に飼育した黒人を家畜のように南部諸州に売っていた」(③768ページ)。この時期の最大の事業地はヴァージニア州だったようです。

「社会」による規制がなければ、資本は利潤追求のためのありとあらゆる悪行を厭わないというのはマルクスの資本主義理解の大きな特徴ですが、近代文明の装いをまとった世界最先端のイギリス資本主義が、アメリカ南部の奴隷制を平然と自身の一部に組み込んでいく様は、マルクスにこの結論を導かせる有力な根拠の一つとなっていたでしょう。

「金ぴか時代」にはマルクスも注目

四つ目に、マルクスは、南北戦争をきっかけとしてアメリカ資本主義が急発展したことにも注目しました。内田先生がふれた「金ぴか時代」の問題です。一九世紀はじめにアメリカ東部には工業地帯の成長が始まっていました。しかし、アメリカは大きく、西部はその後も長く自作農中心の農業地帯にとどまり、南部は黒人奴隷による綿花栽培の農業地帯となっていました。その中でアメリカ経済全体に占める奴隷制の比重は非常に高く、一八五〇年代末でも輸出総額の六割を綿花が占め、工業の発展はイギリスからの輸入によって押しとどめられている状況でした。

そこに変化を起こしたのが南北戦争による資本の巨大な集中でした。「アメリカの南北戦争は、その結果として、莫大な国債、それとともに租税負担、もっとも下劣な金融貴族の創造、鉄道や高山などの開発のための投機会社への公有地の巨大部分の贈与——要するにもっとも急激な資本の集中をともなった。こうして、この大共和国は、移民労働者にとっての約束の地ではなくなった。そこでは、賃金引下げや賃労働者の従属はまだまだヨーロッパの標準的水準まで落ちていないとはいえ、資本主義的生産は巨人の歩みで前進している」とマルクスは『資本論』に書きました（④1323頁）。

実際、戦争のために合衆国政府が発行した莫大な国債は、これを引き受けた銀行や産業家を大いに太らせ、政府による輸入関税の引き上げは国内産業の保護と育成を進めました。また一八六九年にはアメリカ中央部のネブラスカ州から西海岸のカリフォルニア州までの鉄道が開通し、東海岸との接続もふくめて初めて大陸横断鉄道が開通しますが、鉄道敷設に必要な土地は政府から無償で提供されていたのでした。このあたりは『資本論』の初版（1867年）にはないもので、フランス語版（1873〜75年）に初めて書き込まれた文章でした。マルクスの目前で展開された最新の現象だったということです。

もう一方で、資本主義の発展には、それを支える大量の労働者が必要になりますが、この点『資本論』はこう書いています。「年々歳々アメリカに向けて追い立てられる巨大な途切れることのない人間の流れが、合衆国の東部に停滞的な沈殿を残す。というのは、ヨーロッパからの移民の波は、西部への移民の波が彼らを一掃しうるよりも急速に東部の労働市場に人間を投げ込むからである」（同上）。

一八三〇年代後半にはヨーロッパからアメリカへの移民が急増しますが、その数はアメリカ東部から西部へという人の移動を遥かに上回り、アメリカ東部に大量の余剰労働力をもたらしました。それが資本家たちに有利な相対的過剰人口を作り出したというわけです。移民の生活の悲惨をめぐって、マルクスが特に注目したのは一八四六年のジャガイモ飢饉をきっかけとした、アイルランドからの移民でした。南部では遠くから高額の黒人を買ってきて死なせるより、アイルランド人を使った方が安いとさえ言われていたそうです。さらにドイツからの移民があり、南北戦争後にはロシアやイタリアなど東欧、南欧からの移民も増えました。それは、主にヨーロッパでの資本主義の発展がもたらした貧困から抜け出そうとする労働者の動きだったわけですが、資本主義が急速な発展を遂げたことで、アメリカもまた移民労働者にとっての「約束の地」ではなくなっていったのでした。

自立した労働者運動の成長が始まる

ようやく本題に近づいて、ここからはアメリカでの労働者運動の問題です。マルクスは後年「当面の目標は労働者階級の解放であり、そのことに内包される社会変革である。時の社会的権力者のがわからのいかなる強力的妨害も立ちはだからないかぎりにおいて、ある歴史的発展は『平和的』でありつづけうる。たとえば、イギリスや合衆国において、労働者が国会ないし議会で多数を占めれば、彼らは合法的な道で、その発展の障害になっている法律や制度を排除できるかも知れない」（1878年「社会主義者取締法にかんする帝国議会討論の概要」）と述べ、イギリスとアメリカを議会の多数をへての革命が展望できる国に数えました（本書30頁）。

しかし、その時期のアメリカに、世界初の民主共和制を「労働者階級の解放」に活かそうとする労働者政党はまだありません。そこには、すでに見た一九世紀アメリカ社会の歴史的発展が反映しています。アメリカはもともと先住アメリカ人を排除して、ヨーロッパからの移民が占領、開拓した土地です。そしてアフリカから黒人を輸入して、奴隷制と資本主義を組み合わせる独特の経済体制をつくりあげた土地でもありました。その結果、自主的な労働者運動はきわめて初歩的で未熟な段階にとどまりました。そこに新たな画期を拓くのが、南北戦争をきっかけとした資本主義の急速な発展となったのでした。

マルクスは、一八六六年に友人クーゲルマンへの手紙で「ボルティモアでひらかれたアメリカの労働者大会は私に非常な喜びをもたらしました。資本にたいする闘争の組織化がここでのスローガンでした。そして不思議なことに、私がジュネーブのために提出した要求の大部分が、労働者の正しい本能からそこでもまた提出されたのです」（1866年10月

9日）と書きました。この大会は一八六六年八月に開かれたもので、その次のジュネーブというのは六六年九月に行われたインタナショナルの大会のことです。とりわけマルクスを感激させたのは両者が期せずして八時間労働制を要求したことでした。

そのことをマルクスは『資本論』に「北アメリカ合衆国では、奴隷制が共和国の一部を不完全にしていた限り、どんな自立的な労働運動も麻痺したままであった。黒人の労働が焼き印を押されているところでは、白人の労働も解放されえない。しかし奴隷制の死から若返った新しい生命がすぐさま芽生えた。南北戦争の最初の成果は、七マイル長靴のような機関車の速さで、大西洋から太平洋まで、ニューイングランドからカリフォルニアまで広がった八時間運動であった」と書き、これらを「大西洋の両岸で、生産諸関係そのものから本能的に成長した労働運動」と特徴づけています（②522～524頁）。その後、一八六六年にはシカゴを中心に八時間労働制を求めるストライキが行われ、これが今も毎年五月一日に世界各地で行われるメーデーの起源になりました。

理論を理解しないドイツ人亡命者たち

エンゲルスによるアメリカ労働者運動の評価も見ておきましょう。マルクスはその後もアメリカ社会の研究をつづけ、ニューヨークにいたゾルゲ――インタナショナルの本部がアメリカに移った時（1874年）の書記長です――に何度もアメリカ経済研究のための資料を要求しています。その研究の焦点は、一八七〇年代以後の世界的な恐慌の様相の変化と信用制度の発展との関係、信用制度や株式会社制度が資本主義の発展に与えている影響の問題などで、それにかかわって残されたたくさんのメモや未整理の文章が、一八九五年にエンゲルスが『資本論』第三部をまとめる上での大きな苦労の種ともなっていきました。

さて、一八八三年にマルクスが亡くなった後、各国の労働者運動への助言はエンゲルスが引き受けることになりました。エンゲルスはアメリカの労働者運動についてもいくつかのまとまった手紙を残しています。

一つは、一八八六年のゾルゲへの手紙です。一一月にニューヨークの市長選挙で「合同労働党」がヘンリ・ジョージというブルジョア経済学者を候補に立て、それで三一％の得票をえた時に、エンゲルスがアメリカの状況を評価して書いたものです。

「ドイツ人は彼らの理論から、アメリカの大衆を動かせるような梃子をどう掛ければよいかがどうしても理解できなかった」。ここで話が「ドイツ人」から始まっているのは、一八四八年革命の敗北後などに、ある程度マルクスの理論を知っているドイツ人亡命者がアメリカに流れ込んでいたからで、それにもかかわらず彼らが長くアメリカ社会に根づくことができずにいたという事情があったからです。

「彼ら自身ほとんど理論を理解していない。彼らは理論を、なにか暗記しなければならないもの、だが暗記すればたちどころにあらゆる要求を満たしてくれるものというふうに、空論的に、教条的に取り扱うのだ。それは彼らにとっては信仰箇条なのであって、行動への導きではないのである。そのうえ、彼らは、主義上、英語を学ばないときている」

アメリカにはヨーロッパとは違った社会発展の内的論理があるのに、その具体的な探求を行わないまま、ヨーロッパ型の運動をアメリカに強制しようとするのは誤りだということです。実際、ニューヨークを中心にアメリカにはドイツ人亡命者・移民等による「社会主義労働党」が存在しましたが、機関紙はドイツ語で発行され、アメリカ人の間にはほとんど影響力をもっていませんでした。

この指摘は、スターリンが革命運動や社会主義体制の唯一モデルとして「ソ連型」を世界に強制していった二〇世紀の歴史を、あらかじめ批判する意義をもちました。

アメリカの運動は一八四八年以前の段階

エンゲルスはつづけて書いています。「そのためにアメリカの大衆は、彼ら自身の道を求めざるをえなくなって、それをまず労働騎士団に見いだしたようだが、この騎士団の混乱した諸原則と滑稽な組織とは、アメリカの大衆そのものの混乱に照応しているように思われる」。

「労働騎士団」というのは、一八六九年のフィラデルフィアに秘密結社としてつくられたアメリカの労働者組織で、七八年には公然の運動組織に転換し、八六年には七〇万人を擁する全国的な大衆組織に発展しますが、ストライキを否定し、八時間労働制に反対するといった特殊な主張によって、やがて影響力を失います。

「新たに運動にはいっていくどの国においても、重要な第一歩はつねに、労働者を自立した政党へと組織することであり、それが労働者党であることが明白であるかぎり、どのようなものであるかは、問題ではない。そうして、この第一歩が、われわれの予測よりもずっと速やかに達成されたのであって、このことが主要な点なのである」。これはニューヨークに「合同労働党」が結成されたことを指しての一文でした。

「このような党の最初の綱領がまだ混乱しており非常に欠陥の多いものであるとしても、

また、この党がヘンリ・ジョージを旗頭にかつぎあげたとしても、それは避けられない弊害、しかも過渡的な弊害でしかない。大衆が発展するには時間と機会が必要であり、大衆はその機会を、彼らが独自の運動をもつようになってはじめて、得るのであり――それが彼らの独自な運動でありさえすれば、どんな形態であるかは問題にならない――、その運動のなかで、彼らは、みずから失敗することによって前進し、損害をこうむって賢くなるのだ」「アメリカにおける運動は、わが国における〔一八〕四八年以前の運動の段階にある。アメリカの真の知識人は、〔一八〕四八年以前に共産主義者同盟が労働者協会のなかで演じた役割を、まず、演じなければならないであろう。ただ、現在のアメリカでは、事態がはるかにもっと速く進行するであろう」（以上、1886年11月29日。〔〕は石川）

最後の文章はわかりづらいですが、労働者の解放をめざすどのような運動も、「賃金制度の廃止」を究極の目標に据えなければ、つねに中途半端な失敗に終わる。そのことを、労働者の中に広く明らかにすることの重要性を説いたものかと思います。

アメリカなりの発展の論理をアメリカの運動が見つけなければ

エンゲルスは『イギリスにおける労働者階級の状態』を英訳していたアメリカの社会主

義者ケリー・ウィシュネウェツキにも、同じようなことを繰り返しています。

「そちらにいるドイツ人の多くは、重大な誤りを犯してきました。というのは、彼らは、彼らがつくり上げたのではないこの強力で輝かしい運動に直面したとき、彼らが輸入はしたが必ずしも理解していない理論を一種の『天国に至る唯一の教条』と化し、この教条を受け入れなかったすべての運動から遠ざかろうとしたからです。われわれの理論は教条ではなくて、発展過程の提示です。そしてその過程にはあいついで生起する諸段階が内包されているのです。古い工業諸国でねりあげられたこの理論を十分に意識したうえで、アメリカ人が運動を開始するだろうなどと期待することは、不可能事を期待することと同じです。ドイツ人のなすべきことは……労働者階級のどの現実的、一般的な運動にも味方し、その運動の実際の出発点を出発点として認めることであり、そして、犯したすべての誤り、こうむったすべての損害が、最初の綱領に含まれていた誤った理論的見解の必然的帰結であったことを指示することによって、運動を一歩一歩理論的高みへと引き上げていくことであります」（1886年12月28日）

「われわれの理論は発展の理論であり、まる暗記して機械的に反復するような教義ではありません。アメリカ人にこれを外から教えこむことが少なければ少ないほど、また彼らがこれを自分の経験により――ドイツ人の援助により――ためすことが多ければ多いほど、この理論はそれだけ深く彼らの肉となり血となるのです」「私たちの実践のすべてが明らかにしているところは、どのような段階でも、私たち自身の独自の立場を放棄したり、組織を秘匿したりさえもせずに、しかも労働者階級の一般的な運動と共同行動を組みうるということだろうと思いますし、もしドイツ系アメリカ人が違う道をとるならば、大きな誤りを犯すことになろうと危惧するのです」（1887年1月27日）

アメリカの労働者が誤った、未熟な理解から出発するとしても、彼らが自分自身の経験に学び、自分たちの運動と社会の発展の独自の道を次第につかみとっていくこと、それこそが肝心なことであり、ドイツ人の果たすべき役割は、それを援助し、アメリカの労働者運動を一歩一歩引き上げていくことだというわけです。

なお、ケリーが訳した『イギリスにおける労働者階級の状態』に、エンゲルスは「アメリカの労働運動」と副題をつけた「アメリカ版（1887年）序文」を書いています。ヘンリ・ジョージの運動、労働騎士団、社会主義労働党のそれぞれを検討した上で、エンゲルスは「徹底的にアメリカ人にならなければならない」が、それが達成できたときには、社会主義労働党が「ヨーロッパにおける多年の階級闘争の経験で武装し、また労働者階級解放の一般的条件についてはアメリカの労働者がこれまでに獲得した洞察よりはるかにすぐれた洞察で武装している」ことを理由に、様々な団体を統一する上で「大きな貢献」をすることができるはずだと展望しました。

フォスターの『アメリカ合衆国共産党史』

晩年のエンゲルスは、一八八八年の夏にアメリカとカナダを旅行していますが、労働者運動については、特に何も書き残していません。七〇歳近くなって（1820年生まれ）、五〇日にも及ぶ旅行をビールとワインもやりながら大いに楽しんだというのですから、たいした体力の持ち主です。

マルクスとエンゲルスの研究や実践と直接かかわるお話はここまでです。ここから先は、最初に述べたように断片的な情報のつぎはぎとなります。

まず、アメリカのその後の労働者運動の発展についてですが、内田先生のお話にも出てきたウィリアム・フォスターの『アメリカ合衆国共産党史（上・下）』（大月書店1954年、原著1952年）を使ってみます。この大きな本は学生時代から目にはしていましたが、ちゃんと読んだのは今回が初めてです。

これを書いたフォスターは鉄道労働者の出身で、アメリカ合衆国共産党の党首（１９２９～32年書記長、１９４５～59年議長）を長くつとめた人物です。コミンテルンの幹部会員でもありました。この本は合衆国共産党の議長在任中に書かれたもので、ソ連共産党の書記長フルシチョフによるスターリン批判（１９５６年）の前とはいえ――フルシチョフの秘密演説「個人崇拝とその諸結果について」は一九二〇年代にスターリンが大量の党幹部を抹殺し、それによって個人独裁体制を築いたことの一部を告発しました――、スターリンへの心酔を驚くほど率直に表明したものとなっています。いわばアメリカ的な自立性に欠ける本になってもいるわけです。そのあたりにも注目しながら、エンゲルスなき後のアメリカでの労働者運動について紹介してみます。

まず、残念ながらエンゲルスが期待をかけた社会主義労働党は大きな役割を果たせないまま一八九九年に分裂し、影響力を後退させていきました。その後、一九〇一年にアメリカ社会党が結成されます。フォスターは一九〇五年から一四年が社会党の「全盛期」だったとして、一九一二年には五つの英語の日刊紙と八つの英語以外の日刊紙、二六二の英語の週刊紙と三六の英語以外の週刊紙、一〇〇の英語の月刊誌と二つの英語以外の月刊誌を発行していたと書いています（大月書店版、上巻、１４３頁）。種類が多いのはアメリカの土地の広さもかかわっており、英語以外の出版物が多いことには移民が多い社会の特徴が反映していたのでしょう。

一九一四年に第一次世界大戦がはじまると、かつてエンゲルスもかかわった第二インタナショナル（1889年創設）が分裂し、崩壊します。直前まで開戦に反対し、戦争が開始された時には各国で反戦闘争を行おうと合意していた（1912年バーゼル大会）加盟各党が、「祖国防衛」の名で自国政府の戦争予算に賛成するという裏切りに走っていったのです。もっとも大きな衝撃を与えたのは、国際的な労働者運動の中心と目されていたドイツ社会民主党の裏切りでした。

この時、アメリカ社会党は内部に大きな意見の対立をはらみながらも、全体としては戦争反対の態度をとりつづけます。その結果、一九一七年四月に参戦したアメリカ政府は、六月に「防諜法」をつくり、社会党や党員の加わった労働組合など反戦運動の担い手に対する過酷な攻撃を開始します。この時、その先頭に立ったのが、内田先生の話に繰り返し登場した検事総長ミッチェル・パーマーでした（上、180頁）。

ロシア革命、コミンテルンの結成とアメリカ共産党

一九一七年一一月にロシア革命が起こり、レーニンを中心とした社会主義をめざす政権がロシアに誕生します。フォスターの本には、このあたりから「マルクス・レーニン主義」という用語が頻繁に登場してきます。「マルクス・レーニン主義」というのはスターリンによる造語でした。

レーニン等のよびかけによって、崩壊した第二インタナショナルにかわる共産党の国際組織として、コミンテルン（共産主義インタナショナル）が創設（1919年）されると、アメリカでもこれにかかわる論争が激化します。

同じ一九一九年に社会党が分裂し、他方には、アメリカ共産党と共産主義労働党という事実上二つの共産党が生まれ、一九二一年にこれが単一のアメリカ統一共産党となります。フォスターの本には下巻の最後にアメリカ合衆国共産党の大会一覧が載っていますが、そこには統一前の二つもふくめて一一もの党名が並んでいます。時の政府による弾圧を避けるために何度も名前を変えずにおれなかったということのようで、今日にいたる「アメリカ合衆国共産党」（Communist Party of the United States of America）が正式名称となっての大会は、一九三〇年からとなっています。以下では、これを簡潔に「アメリカ共産党」と呼んでおくことにします。

ロシア革命のルポルタージュとして有名な『世界を揺るがした一〇日間』の著者で、映画『レッズ』の主人公にもなったジョン・リードもこの本には登場し、社会党左派の指導者だったこと、一九一九年の社会党大会から排除されたこと、一九二〇年のコミンテルン第二回大会に参加し、モスクワで死亡したことなどが記されています。

日本でも共産党が結成されると、ただちに国体と私有財産を守る名目で死刑を辞さない治安維持法がつくられましたが、アメリカでもミッチェル・パーマーとその手下であるエドガー・フーヴァー等による徹底した弾圧が行われます。フォスターの文章を少し紹介すると「一九二〇年一月二日の夜半、突然、司法省は全国的に七〇の都市で攻撃を開始し、労働者を家からひきずりだし、なぐりつけ、満員の監獄にほうりこみ、しばしば、しかるべき食事や用便の便宜もあたえなかった」「検挙されたものは約一万名と見つもられた」（上、226頁）といった具合です。検挙者が約一万人という数字の根拠について、フォスターは上院議員ウォルシュの発言の議事録を挙げていますから、格別に大げさなものではないのでしょう。一九一九年から一九二三年は「アメリカ史上もっともはげしい労働者弾圧がくりひろげられた」（上、255頁）時期だとされています。

一九二四年にレーニンが亡くなります。そのことを書いたフォスターは「レーニンは、マルクス＝エンゲルスの歴史的事業をみごとにうけつぎ、それをさらに発展させた。ソヴェト人民の現在の指導者であり、マルクス＝レーニン主義をさらにゆたかにし発展させたスターリンは、レーニンのもっとも有能な弟子であった」（上、293頁）と、これをただちにスターリンへの高い評価につなげています。

ページが飛びますが、一九三八年前後の「共産党の成長」をまとめたところでフォスターは「この時期に党にとってとくに有益であったのは、ヨシフ・スターリンの『レーニン主義の基礎』と『ソ同盟共産党小史』およびゲオルギー・ディミトロフの諸著作であった。なかでも『党小史』は、マルクス＝レーニン主義の百科全書であり、無限の教育的価値をもつ労作である」（下、535頁）と書いています。また、一九二八年のコミンテルン第六回大会では「ブハーリン一派に対する闘争」が宣言され、これに前後してアメリカの党でも「トロツキストの除名」など多くの除名者を出しながら「党の統一」がはかられたとも書いています。トロツキストというのは、トロツキー主義者あるいはトロツキー派の人々ということです。少し先まわりになりますが、これらの箇所は、スターリンに対するフォスターの無批判的な追随の姿勢を、もっとも端的に表わしたところになっています。

ソ連共産党とコミンテルンを支配したスターリン

スターリンについては『若マル』番外編の『マルクスの心を聴く旅』（かもがわ出版、2016年）にも書きましたが、あらためていくつか紹介しておきます。

レーニンが亡くなると、スターリンはただちに自身への権力集中と個人専制体制の確立に向けた「反対派」との闘争を開始します。その過程で、一九三五年から三八年をピークに、レーニンやその時代を知る「世代」の抹殺を進めました。文字通りの大量虐殺、大テロルです。その結果、一九三九年に行われたソ連共産党第一八回大会の代議員一五七〇人のうち、十月革命前からの党員はわずか三四人しかいなくなっていました。犠牲は山本懸蔵、国崎定洞、杉本良吉など日本の共産主義者にもおよんでいます。

あわせてスターリンは一九三八年に『ソ連共産党（ボ）小史』――フォスターの本では『ソ同盟共産党小史』となっています――を発表して、大テロルをドイツや日本のスパイとの闘いだと偽り、自身をロシア革命の英雄に祭り上げ――実際にはスターリンは「十月革命」でこれといった大きな役割は果たしていません――、さらには単純化したロシア革命の経験を世界各国の革命の模範として定式化します。そしてこれを、コミンテルンを通じて各国の共産党に学ばせていったのでした。スターリン自身の神格化とテロルの正当化、ソ連第一主義の徹底です。『小史』では「マルクス・レーニン主義」の理論の定式化も行われ、これがスターリンによって卑俗化されたマルクス主義をその後の世界に普及する大きなきっかけとなりました。そこは明日お話しさせていただきます（本書第三部）。

スターリンがロシア共産党内にどのようにして個人専制体制を敷き、またコミンテルンを支配して二〇世紀半ばまでの世界史をどう動かしたかについては、不破哲三『スターリン秘史（全六巻）』（新日本出版社、２０１４年～16年）が詳細な究明を行っています。非常に面白い本ですので、ぜひご覧になってください。以下でも、これを活用させてもらいます。

レーニンの遺言――スターリンを書記長からはずせ

少し時代を遡りますが、生前のレーニンはスターリンの指導者としての資質に対する危機感を次第に深めていました。

レーニンが出席した最後のロシア共産党大会は、一九二二年の第一一回党大会でしたが、そこで選出された中央役員は、中央委員二九名、中央委員候補二一名の計五〇名で、その中から選ばれたレーニンとトロツキーを含む七名の政治局員と三名の政治局員候補からなる「政治局」が党の指導部を構成していました。レーニンの時代のロシア共産党――ソ連共産党に名前がかわるのは一九二五年のことです――には、指導部に「長」と名のつくポストはなく、レーニンはロシア共産党の委員長や書記長だったことはありません。

この他に、政治局とは別に三人のメンバーからなる「書記局」があり、スターリンは第一一回党大会で初めてこの一員になると、新設された「書記長」のポストにつきます。しかし、党全体を指導するための機関は政治局であり、書記局はあくまで党内の実務を担当する機関でした。書記長としてのスターリンの権限も、最初はごく限定されたものだったのです。

レーニンは体調不良のため第一二回党大会には参加できませんが、精力的に一連の「大会への手紙」を書きました。そこで何より重視されたのはスターリンとトロツキーの対立による党指導部の分裂の危機を回避するということでした。レーニンは手紙にこう書いています。

「分裂の危険の大半は、彼ら〔スターリンとトロツキー〕の間がらからきている。この分裂は避けようとおもえば避けられるだろうし、私の意見では、中央委員の数を五〇人ないし一〇〇人にふやすことが、とりわけ、それを避けるのに役だつにちがいない」

「スターリンは、党書記長となってから、広大な権力をその手に集中したが、彼がつねに十分慎重にこの権力を行使できるかどうか、私には確信がない」「トロツキーは……個人的には、……おそらく現在の中央委員中でもっとも有能であろうが、しかしまた、度はずれて自己を過信し、物ごとの純行政的な側面に度はずれに熱中する傾きがある」

これらの問題をカバーするためには、中央委員会全体を強化して、集団指導の体制を深める必要があるというのがレーニンの判断でした。

さきほどフォスターの本に登場したブハーリン（中央委員候補）についても、レーニンは、若いのに優れた理論家だが、「彼の理論的見解を完全にマルクス主義的とみなすことには、非常に大きな疑問をいだかないわけにはいかない」と書いていました（1922年12月24日）。

一〇日後の手紙で、レーニンはいよいよ書記長からのスターリンの解任を求めるに至ります。

「スターリンは粗暴すぎる。そして、この欠点は、われわれ共産主義者のあいだや彼らの相互の交際では十分がまんできるものであるが、書記長の職務にあってはがまんできないものとなる。だから、スターリンをこの地位からほかにうつして、すべての点でただ一つの長所によって同志スターリンにまさっている別の人物、すなわち、もっと忍耐づよく、もっと忠実で、もっと丁重で、同志にたいしてもっと思いやりがあり、彼ほど気まぐれでない、等々の人物を、この地位に任命するという方法をよく考えてみるよう、同志諸君に提案する」「分裂をふせぐ見地からすれば、また、まえに書いたスターリンとトロツキーの間がらの見地からすれば、これは些細なことではないとおもう」(1923年1月4日)

その後、三月の発作でレーニンは一切の政治活動を行うことができなくなり、回復しないまま一九二四年一月に亡くなります。一九二三年四月の第一二回党大会には「大会への手紙」は届けられませんでしたが、翌一九二四年五月の第一三回党大会にはレーニンの妻クルプスカヤがこれを持ち込みました。党指導部は困惑しながらも、これを代議員に公開しますが、結局、大会は、スターリンによる辞任の表明とジノビエフやカーメネフによるスターリン弁護の演説という茶番劇をへて、スターリンの書記長留任を満場一致で確認していきます。その結果、ロシア共産党とソ連社会は、おそらくレーニンが予想したよりも遥かに大きな混乱に突き進み、社会主義をめざす党と社会からの深刻な変質を遂げていくことになります。

ソ連共産党とコミンテルンへの支配体制

スターリンは一九二九年には最大の政敵だったトロツキーを国外に追放します。その前年の二八年にはスターリンによる急激な「農業集団化」に反対したブハーリンを政治局員から解任していました（一九三八年にファシズムの手先という名目で銃殺）。トロツキーは十月革命で武装蜂起を指導した幹部でしたが、その後、多くの国を転々とし、最後は一九四〇年に亡命先のメキシコで殺害されます。スターリンが送った刺客によるものだとされています。

スターリンによる個人専制体制の確立は、コミンテルンに集まっていたすべての共産党に対しても向けられました。そのために最良の手駒として利用されたのが、ブルガリア共産党の幹部だったゲオルギー・ディミトロフです。

一九三三年に生まれたヒトラー政権は、ドイツの国会放火事件をでっちあげ、その日のうちに「共産党の犯行」と決めつけて、共産党への弾圧に乗り出します。そして事件当日（2月27日）ドイツにいたディミトロフ等を逮捕しました。あえてドイツ共産党員以外の犯人をつくったのは、これを国際共産主義運動の陰謀と結論づけたかったからだとされています。九月にはライプチヒで公開裁判が始まりますが、ここでディミトロフは見事な反撃を行い、この裁判を共産主義者の陰謀の暴露の場から、ナチスの陰謀を告発する場に変えてしまいます。結局、一二月の最終判決は、ディミトロフを無罪とするしかありませんでした。この闘いによって反対ファシズム闘争の英雄として世界に知られるようになったディミトロフを、スターリンは自身の野望のために利用するのです。

その年のうちにディミトロフをモスクワに招いたスターリンは、自分に対する心酔と忠誠を確認した上で、一九三五年のコミンテルン第七回大会で新設された「書記長」(最高責任者)のポストに彼を就けます。それまでは、コミンテルンにも「長」のポストはありませんでした。これによってスターリンは、ディミトロフを操ることを通じて、コミンテルンの活動全体――当時各国から六五の共産党等が加盟していました――を操ることができる体制を手にしたのでした。

貫かれるソ連帝国の野望

内田先生のお話にもありましたが、第七回大会の直前まで、ソ連とコミンテルンは、第二インタナショナルを裏切った社会民主主義の勢力こそ主要な敵だという立場をとっていました。しかし、この大会でスターリンは大きな方針転換を行わせます。反ファッショ、反ヒトラーの一点での合意にもとづく共闘、「統一戦線」をディミトロフによびかけさせたのです。そして、ファシズムか反ファシズムかをめぐる世界的な闘いの焦点となったスペイン内戦（１９３６～38年）に、各国共産党は「国際旅団」と呼ばれる義勇兵を送り込みました。

「国際旅団」にはアメリカ共産党も加わり、この時のコミンテルンの方針転換を受けて、一時期、アメリカの文化人には「赤の時代」とも呼ばれる左翼ブームが生まれます。しかし、これとまったく同じ時期にスターリンはソ連国内で大テロルを行っており、そのことが明るみに出て、さらに一九三九年にソ連がヒトラー・ドイツと独ソ不可侵条約を締結すると、アメリカにおける「赤の時代」は急速にしぼんでしまいました。この時、ソ連やスターリンに無条件的に追随するアメリカ共産党に幻滅した人々がいわゆる「ニューヨーク知識人」の源流の一つとなっていきます。

独ソ不可侵条約は、もともとはヒトラーがソ連への侵攻を成功させるために仕かけた巨大な謀略でした。ヒトラーはスターリンを油断させるために、日独伊の三国にソ連を加えた四国で、南北アメリカを除く世界全体を分割支配するという大構想を提起します。独裁者同士、ひびきあうところがあったのか、スターリンはこの構想に強くひかれ、ただちにヒトラーと合意します。そこには、スターリンが帝政ロシアから引き継いだ強烈な領土拡張欲求があり、また、それを直感鋭く見て取ったヒトラーの狡猾さがありました。一九四一年に十分な準備の上でヒトラーがソ連への侵攻を開始すると——これはスターリンには完全な不意打ちとなりました——、ソ連は再び反ファッショの旗を掲げます。こうした一八〇度の路線転換の短期間での繰り返しに、各国の共産党は訳がわからぬままに翻弄されたのでした。

この間の事情についてのフォスターの記述は、じつに苦しいものになっています。ソ連が独ソ不可侵条約を結んだのは、イギリス、フランスがソ連を裏切ったことへの防衛措置だったとし、他方「この条約によりソヴェト同盟が獲得した息ぬきの二一カ月間が、ソヴェト同盟に効果的に武装する時間をあたえたことによって、けっきょく世界戦争に勝利する決定的要因になった」「この条約がつづいているあいだソヴェト同盟がヒトラーをたすけたという非難は、うそである。ヒトラーにとっては、この条約がその計画をさまたげるものであった。だからこそ、彼はソヴェト同盟を侵略したのである」（下、526〜527頁）という調子です。これはスターリン自身による弁明のおうむ返しで、とても歴史の検証に耐えるものではありません。

さらに、事件はつづきます。一九四三年にスターリンが、突如、コミンテルン解散の指示を出したのです。書記長のディミトロフにも、寝耳に水の出来事でした。スターリンによる表向きの説明は、すべての国の運動を一つの国際的組織から指導することは無理であり、またこの体制があることにより各国共産党はモスクワの手先ととらえられ、これが各国の反ファッショ統一戦線づくりの障害になっている、というものでした。

しかし、実のところスターリンが考えていたのは、東欧地域のソ連の勢力圏への編入でした。東部戦線での対ドイツ戦の勝利から、東ヨーロッパ地域の「解放」をソ連軍が行うことになるとの見通しの下、編入をただちに実施するには東欧各国の共産党をふくむコミンテルンの存在が邪魔になると判断したのでした。

ただし、これによってスターリンは各国共産党に対する支配の手綱を放したわけではありません。コミンテルンの解体直後、スターリンはディミトロフをソ連共産党内に新設した国際情報部の責任者に据え、コミンテルンをつうじた各国共産党への支配を、ソ連と各国の党という直接的な二つの党の関係に再編して継続していったのです。あらかじめ、そこまで考えた上でのコミンテルンの解散でした。

手からこぼれたアメリカ共産党の解散

しかし、ここで思わぬ動きが、アメリカ共産党に現れます。幹部がソ連に亡命していたヨーロッパの主要な共産党は、スターリンの思惑どおりに再編されていったのですが、アメリカでは共産党そのものが解散（1944年）に進んでしまったのです。これではスターリンの支配の手は、アメリカ国内に届かなくなってしまいます。

もともとアメリカ共産党は、一九四〇年に国際組織への加入を禁止した国内のブーアヒズ法によってコミンテルンを抜けていたのですが、この時の書記長であるアール・ブラウダーが、一九四三年に米英ソ三国でのテヘラン会談が行われたことから、アメリカはもはや帝国主義ではなく進歩的資本主義になった、新しい階級協調の時代が来たと主張し、これがあっという間にアメリカ共産党全体の多数意見になってしまったのです。この時、フォスターはもちろん解散に反対の立場をとりました。

その一年後、フランス共産党の機関紙に、突如、同党の幹部であるジャック・デュクロの論文「アメリカ共産党の解散の問題について」が掲載されます。内容はブラウダーの態度への厳しい批判と、フォスターの発言からのたくさんの引用により、フォスターへの同意を表明するというものでした。これによって、一九四五年アメリカ共産党はただちに再建されます。しかし、この論文発表には裏がありました。論文はもともとソ連共産党の国際情報部で、ロシア語で起草されたものだったのです。モスクワが表に出ることなく、スターリンの意思をアメリカの共産主義者に確実に伝えるために、フランス共産党を身代わりに立てるという作戦だったのです。フォスターは先の本で、これをあくまでデュクロ自身の論文として紹介していますが（下、608頁）、果たしてフォスターは真実を知らなかったのでしょうか。

第二次大戦後、米ソ冷戦体制の形成とともに、アメリカ政府による共産党への弾圧が激化します。この時「赤狩り」の中心に立ったのが、エドガー・フーヴァーを責任者とする連邦検察局、上院のマッカラン委員会、下院の非米活動委員会でした。議会侮辱罪の名で、映画でも有名な「ハリウッド一〇」が裁かれたのもこの時期です。一九四八年七月には、フォスターを含む全国委員会の一二人のメンバーが逮捕され――その後、フォスターは心臓病を理由に裁判をはずされます――、残り一一名には一九五〇年に有罪判決が下されて、その後、さらに多くの党員の逮捕、投獄がつづきました。

フォスターによる「党史」の解説はここまでです。『アメリカ合衆国共産党史』は最後を「第三六章　勝利は人民のゆくてに」「第三七章　アメリカ労働者階級と社会主義」「第三八章労働者階級および国民の党」という総論的な諸章で締めくくっています。そこにはフォスターなりの真剣な歴史検討の姿勢も見えますが、スターリンやソ連共産党の行動、スターリン流「マルクス・レーニン主義」への点検の構えはまったくなく、アメリカ共産党のスターリンへの従属の歴史についても一切の自己点検がないままとなっています。

ジョン・ゲーツ『スターリン主義に抗して』

次に進みます。その後の話になりますが、実は、アメリカ共産党にも、スターリンとソ連からの自立の動き、自主的な共産党をつくろうとする動きが強くなる一時期がありました。そのあたりのことを、ジョン・ゲーツ『スターリン主義に抗して』（合同出版、１９６８年）を使って紹介してみます。本の原題は *"The Story of an American Communist"* となっていますから、実際は「あるアメリカ人共産主義者の物語」といったところでしょうか。

実は、先のフォスターの本にも、ジョン・ゲーツの名前は次のような箇所に登場してきます。一つは、スペイン内戦に際して、アメリカ共産党は三〇〇〇人の義勇兵を組織しましたが、その将校や指導者の中に「ジョン・ゲイツ」がいました（下、５２２頁）。二つは、一九四八年に共産党の全国委員会のメンバー一二人が逮捕される事件があったわけですが、その一員として「『デイリー・ワーカー』編集長ジョン・ゲイツ」（下、711頁）の名前があがっています。三つは、この裁判で反対弁論を行ったものの一人として、やはり「ゲイツ」の名前があがっています（下、718頁）。

ゲーツの経歴を『スターリン主義に抗して』によって紹介しておきます。ゲーツはニューヨーク市立大学の学生時代（1931年）に共産主義青年同盟に加わり――ジョン・ゲーツというのは活動上のペンネームだそうです――、一九三二年に大学をやめて工場に勤め、そこで労働組合運動に入ります。いつ共産党に入ったかについては、この本には記述がありません。同じ年の大統領選挙ではフォスターを候補とした共産党の選挙運動にも加わっています。

さきほど「赤の時代」についてふれましたが、ゲーツも「一九三四年から一九三九年までの数年は、合衆国で共産主義者の信望が全盛期にたっした時代だった」（87頁）と書いています。はじまりの一九三四年はディトロフが公開裁判で勝利した翌年で、おしまいの一九三九年は独ソ不可侵条約が締結された年でした。

フォスターの本にあったように、ゲーツは一九三七年にスペインに向かい、その闘いの中で「スペインにいたアメリカ人のなかでは最高の地位に昇進」します（141頁）。

帰国しての活動後、一九四一年一二月一六日には陸軍に進んで志願しました。きっかけは日本軍による真珠湾攻撃で、志願の目的は自国の防衛です。ゲーツによると「およそ一万五〇〇〇人のアメリカの共産主義者が軍隊のメンバー」になり、各地で「党の正式の送別会」も行われました（167頁）。攻撃をしかけた側の日本では、共産主義者はあらゆる自由を奪われ牢獄に閉じ込められていましたから、この状況の対照性はきわめて印象的です。ゲーツは、内外での任務につきながら、最後にはフランスからドイツに入り、一九四五年に帰国、除隊は一九四六年となりました。

戦後、一九四七年にアメリカ共産党の事実上の日刊紙である『デイリー・ワーカー』の編集長になりますが、米ソ冷戦体制が深まる中での「赤狩り」によって一九四八年に逮捕され、一九四九年に有罪判決、そして一九五一年にアトランタの監獄に入れられて、執行猶予つきの釈放となったのが一九五五年です。この獄中で、ゲーツは、スターリンとソ連から自立した共産党をつくることの必要をはっきり自覚するようになり、執行猶予期間の終わった一九五六年からその方向に向けた党内での闘いに挑みますが、ソ連共産党の介入もあり、最終的には一九五八年に共産党を抜けています。

スターリンは神さまのように思われていた

このように最終的にはスターリンからの自立化を志向するに至ったゲーツですが、そこに至るまでの思想の遍歴はどのようだったのか。次に、その様子を追ってみます。

一九三七年にスペイン内戦に参加した頃を回顧して、ゲーツはこう書いています。「スターリンは、ぼくたちには神さまのように思われていた」「かれが何かまちがったことをするかもしれないなどとは思わなかった」「一九三七年にモスコー〔モスクワ〕の粛清裁判がはじまったとき、ぼくたちはそれらを額面どおりにうけとった」「ソビエト連邦でも第五列が活動していたという主張はまったく論理にかなっていると、ぼくたちには思われた」（117頁）。「第五列」というのは、敵国のスパイということで、スターリンはこの時期「ドイツのスパイ」「日本のスパイ」といった理由で、大規模なテロルを正当化していたのでした。

一九三九年に『ソ連共産党（ボ）小史』が英訳された時、ゲーツはある困難に直面します。アメリカ共産党が「合衆国政府の強制的打倒を主張しているという非難を繰り返し否定してきた」にもかかわらず、これと正反対に『小史』は資本主義を超える新しい社会への革命は「暴力」によってのみ達成されるとしていたからです。この矛盾をゲーツ等は、労働者は平和的な変革の道を進むが、支配階級がこれに暴力で対応するので、最終的には暴力でしか達成できなくなる、という苦しい理解で乗り切ります（147〜9頁）。

同じ一九三九年に独ソ不可侵条約が結ばれると「指導者もひらメンバーもまったく混乱」におちいりました。ナチスがポーランドに侵入し、イギリスとフランスがドイツに宣戦布告をしたとき、ソ連は、①イギリスとフランスの帝国主義者に戦争の責任がある、これは帝国主義戦争であるから、どちらも支持できない、②ソ連は自国を守るために、やむなくドイツと提携する、と述べました。この一八〇度の路線転換に、各国共産党の一部には反ファシズム統一戦線の継続を主張する者も出たが、「アメリカ共産党のなかには、そんな異端者はあらわれなかった」とゲーツは書いています。そして、結果的にこの「完全転向」は高くつき、多くのすぐれた知識人が党を去ったとも述べています（151〜6頁）。

この時期「ぼくたちがいろいろの出来事を曲解したり逆に解釈したりしてソビエト連邦を支持したわけは……ソビエト連邦は世界的運動のとりでであり、社会主義が世界的規模で前進してゆくための基地だ、という深くしみこんだ確信のためだった」「ぼくたちは、世界的戦略の一部をうけもっており、世界的戦略によって支配されていた。だが、世界的戦略について相談をうけたことは一度もなかった」。それにもかかわらずこれを「受けいれた」のは「それをつくりあげた人びとは、すべての共産主義者のなかでもっとも賢明な人びとだとかんがえられていたからだった」（160〜1頁）。スターリンやソ連への心酔はこれほどまでに深いもので、この時期までのゲーツは基本的にはフォスターと変わらぬ立場にあったといっていいでしょう。

「絶対的な信仰」のゆらぎ

第二次大戦で闘っていた一九四三年に、コミンテルンが解散されます。知らせは、主に恋人リリアンからの手紙によるものでした。そして一九四四年に、ブラウダーはアメリカ共産党を共産主義政治連盟に解消し、民主党、共和党という二大政党の内部に入り込んで影響を与えるという新しい運動路線を採用します。ゲーツはこれを「共産主義運動がアメリカ人の生活……（に）……受けいれられるものとなるために着手したもっとも重要な努力」と肯定的に評価しました（181〜3頁）。

その後、ゲーツは陸軍の日刊紙『スターズ・アンド・ストライプス』で、フランス共産党のジャック・デュクロがブラウダーとアメリカの共産主義者を厳しく批判しているとの「小さな記事」を読んで「激怒」します。軍隊の内部に日刊紙があり、しかも、そこにこうした政治記事が掲載されていたというのですから、各人を尊重するという点で当時の日本の軍隊との落差はすさまじいものです。

それはともかく、アメリカ国内で事態は急速に進展します。ブラウダーはデュクロの論文が「もっとも権威あるマルクス主義者たち」つまりはスターリン等ソビエトの幹部たちの見解だと認め、これによってアメリカの共産主義者は「一夜で転換」し、一九四五年に共産党は再建されます。ヨーロッパにいたゲーツも次第にデュクロ論文に納得するようになり、アメリカに帰った時には「みんなとおなじように、反ブラウダーになっていた」のでした（190～4頁）。

ゲーツの変化が大きくなるのは、獄中での一九五二年に、破壊活動統制局の本部で証言をはじめた頃からとなっています。アメリカ政府はゲーツに、アメリカ共産党はソ連の政策から決して離れたことがないが、それはアメリカ共産党がソ連の代理人であることを証明するものだと主張しました。これに対してゲーツは、共産主義者はひとつの共通な哲学をもっており、その結果として米ソの共産党の見解が一致することは驚くべきことではないと反論します。しかし、この時を振り返ってゲーツはソ連の政策との間に、まったく相違点をもたなかったり、ソ連の政策はつねに正しくてただの一度も誤りを犯さなかったと考えるのは「けっして人間的ではなかった」「ぼくは、ついに、ぼくたちのソ連との関係のなかには何か間違いがあるにちがいないと考えざるを」得なくなったと書いていています（265〜7頁）。

一九五三年にスターリンがなくなった時、ゲーツはまだ「スターリンに甚大な敬意と称賛を傾けて」いました。しかし、直後に朝鮮戦争の停戦が実現し、ソ連の新聞紙上に「個人崇拝」という言葉があらわれはじめ、スターリンが批判したユーゴスラビア共産党の指導者チトーがファシストとは証明されなかったことなどで、スターリンへの「絶対的な信仰」にも揺らぎが生じてきます（277〜80頁）。

出獄後一年二か月の執行猶予期間を終えて党活動にもどった時、アメリカ共産党の内部では、第三次世界大戦近しとしたフォスター・グループの情勢理解――背後にあったのはもちろんソ連の見解です――に対する批判が強くなっていました。その直後、一九五六年一月の集会でゲーツ等はアメリカ共産党を「アメリカの現実の上にすえる必要」を語ります（287〜92頁）。

もはやスターリン主義者ではない

一九五六年四月に全国委員会の総会が開かれると、書記長のユージン・デニスは過去一〇年にわたる党の政策は教条主義的で非現実的だったとのべ、全国教育部長のマクス・ワイスはソ連との関係を不平等で一面的で恥ずべきものだったと発言します。これらはフォスターを名指しで批判するものではありませんでしたが、フォスターは「猛烈に反対した」とゲーツは書いています（297～8頁）。

さらに、この総会の最中に、重大な情報が飛び込みます。フルシチョフの秘密演説――いわゆるスターリン批判――の「主要な箇所」が総会の席上で、初めて読み上げられたのです。それまでこの演説については「噂だけが流れていて、多くの人びとは、この噂には根拠がないものと考えて」いました。しかし、この時のニュース・ソースは確実で、それだけに総会は大きな衝撃につつまれました。

少し補足をしておくと、フルシチョフのこの演説は一九五六年二月一四日から二四日に開催されたソ連共産党第二〇回大会の終了直後、二四日から二五日に開催された非公式会議の席で行われました。タイトルは「個人崇拝とその諸結果について」で、大会を傍聴していた新聞記者や出席していた海外の共産党代表等はすべて退席させられ、ソ連共産党の代議員にもノートをとることを禁じた上での文字通りの「秘密」演説です。内容はスターリンによる大テロルと個人専制体制の一端を初めて明らかにするものでした。

これを受けてゲーツは「ぼくはもはや自分自身をスターリン主義者と考えることはできない」「一体どうしてぼくたちはこんなに盲目であることができたのだろうか」「スターリンがそうだといったことを」を「マルクス＝レーニン主義」だと考えてきたからだと自問自答し、「自分自身の頭で考えること」を学ばねばならないと発言します（３０１～２頁）。

一九五六年六月にはアメリカ国務省が、フルシチョフ演説の全文を発表します。アメリカ政府の情報収集能力もたいしたものですね。かつてのスパイ映画どおりの厳しい探り合いが米ソ間にはたくさんあったのでしょう。この時、デニス書記長は沈黙を守りますが、ゲーツ等は『デイリー・ワーカー』に、自分たちが「ソ連の政策を模倣していたことをも暴露する、秘密報告から……ひきだした結論」を、言葉を濁さずに掲載しました。

日本共産党の論文にも

この時期のアメリカ共産党内の動きについては、思わぬところに関連情報がありました。この二六年後の一九八二年にアメリカ共産党書記長ガス・ホールが、突如、日本共産党を批判する論文を発表したことがあり――それはソ連共産党がフランス共産党のジャック・デュクロを使ってアメリカ共産党を批判したのとまったく同じ役割を、今度はアメリカ共産党自身が果たすという実に情けない動きだったのですが――、これに対する日本共産党からの反論の中に「アメリカ共産党の歴史をみると、彼らが、過去における『ソ連絶対化』の誤りを反省し、それからの脱却を公然と唱えた時期もあった」として、一九五六年のアメリカ共産党の文書の一部が紹介されていたのです（「対ソ追随者の自己暴露」『日本共産党国際問題重要論文集』第13巻、１９８３年）。

短いものですから、そのまま紹介しておきます。

「一九五六年、ソ連共産党第二〇回大会で、スターリンの誤りの一部が批判されたとき、アメリカ共産党全国委員会は、声明（１９５６年6月24日）を発表し、アメリカ共産党は、『わが国の労働者階級と国民』にたいして、『われわれは、現在ではまちがいだったとわかっているソ連のいろいろな内外政策を無批判に正当化していたということを、率直に認めるものである』と反省の弁をのべ、そこからの重大な教訓の一つとして、これからの共産党間の関係は、社会主義国の党との関係をふくめ、『各党の平等という原則、必要と感じた場合にはどこの国のマルクス主義者の理論または実践（もちろんソ連共産党もふくまれる―

―引用者〔日本共産党〕）にたいしても友好的に批判するという万国のマルクス主義者の権利、義務の原則』を土台としなければならない、『このことは労働者階級の国際連帯を弱めるどころかつよくするものである』とのべ、これが、アメリカ共産党の『新しい態度』だと厳粛に宣言したのである」（同74頁）

この後、論文は「ところが、今日のアメリカ共産党とガス・ホールは……」とつづいて、それはそれで面白いのですが、長くなりすぎますので、ここでやめにしておきます。ちなみにこのように語る日本共産党は、直接には一九五〇年に開始されたスターリンやコミンフォルム――一九四七年にスターリン等が、イタリア、フランス、東欧各国の共産党に対する支配を強めるためにつくった組織で、スターリンの見解を世界的規模で発信する場ともされました――からの乱暴な干渉をきっかけとした「五〇年問題」を総括する中で、どんな大国や党であっても海外からの干渉は許さない、どんな海外の運動・体制もモデルにせず、日本の条件に見合ったものを自らの手で作り上げていくという「自主独立」の立場を党全体で確認していました。ソ連共産党代表も出席した第七回の党大会（１９５８年）でのことで、以後、日本共産党はソ連からだけでなく、ソ連に追随する世界の共産党からも「異端者」と呼ばれることになりました。

指導部が変わらなかった一九五七年の党大会

話をもとにもどします。アメリカ共産党は一九五七年二月の全国大会に向け、前年の五六年九月に決議草案を発表します。そこでは、①マルクスやレーニンの考えを教条的に受け入れてきた歴史への反省、②マルクス主義諸政党は互いに平等であること、③真の党内民主主義が保証されねばならないこと、④社会主義的な気分をもつ人を広く統一するための努力が必要であること、などが強調されていました。四つ目の問題は、当時大手を振ってまかり通っていた、ソ連流の「全般的危機」論が、ソ連さえ発展すれば資本主義国での変革は自動的に進むという運動の他力本願を唱えていたことへの批判の意味をもったのでしょう。フォスターはこれに最初は条件つきで賛成しますが、後にそれを撤回したとゲーツは書いています（306〜12頁）。

草案にもとづく議論が大会に向けて行われ、公開されたフォスターの論文への批判の中でゲーツは、ドイツから移住したマルクス主義者にエンゲルスが「彼ら自身をアメリカ化」することを求めたことにもふれながら、「新しいタイプの党」をつくるためとして、次のような提案を行いました。具体的には、①この科学の発展をマルクス等の枠にとどめないために、「マルクス＝レーニン主義」という名前を捨てて「科学的社会主義」に変更する、②ソ連をモデルとせずアメリカでは「民主的な社会主義」をめざしていく、②党内民主主義を充実させ、党名を変更する――ここには具体的な党名は書かれていませんが、別の箇所（368頁）でゲーツは「（人民的）大衆党」という名前を挙げています――、などの提案でした（313〜9頁）。

一九五七年二月に第一六回の党大会が開かれると、内部からはフォスターが決議草案を批判する大演説を行い、外からは再びフランス共産党のジャック・デュクロがソ連共産党の代理人として決議案を「修正主義的」だと批判する手紙を届けてきます。それにもかかわらず、決議案はわずかの修正だけで採択されました。

しかし、この方向への路線転換は徹底されません。大会は、この新しい路線にふさわしい新しい指導部を選ぶことができず、「従来と文字通り同じ全国指導部」を再選させてしまったのです。これによって状況は急速に悪化します。フォスターはただちに決議の取り消しを企て、党内でのソ連批判はこれまでどおりタブーとされ、他方、ソ連やフランスでは事実をねじまげた情報が共産主義者に届けられつづけました。ソ連の理論誌『コムニスト』にはゲーツを批判する「ポノマレフ」の論文が掲載されたとありますが、これは日本共産党への干渉でも悪名高いポノマリョフとおそらく同一人物なのでしょう。

一九五七年一二月の全国執行委員会は『デイリー・ワーカー』の発行停止を決定し、ゲーツの活動にとどめを刺します。翌一九五八年一月「ぼくは、アメリカ共産党の党員をやめる」との「通達」を投函して、ゲーツはアメリカ共産党員としての人生に終止符を打ちました。

この本の最後の章は「終わりは新しい始まりである」と題されており、そこでゲーツは「ぼくは、現在ではぼく自身を無条件に社会主義者とはよばない。辛い経験によって、ぼくたちは、ぼくたちがめざしているのは民主的社会主義だということをハッキリさせなければならぬと教えられた」と書いています。そして「ぼくはアメリカの青年にこの本を捧げる」という一文を本書の締めくくりとしています。

その後、三〇数年の時をへて、一九九一年のソ連崩壊の瞬間までアメリカ共産党は「ソ連共産党アメリカ支部」と揶揄されつづけ、他方で、アメリカ共産党内にソ連離れの傾向が生まれる度にソ連共産党に代わって批判論文を送りつづけたフランス共産党は、「モスクワの長女」と呼ばれることになりました。ゲーツは一九九二年に七八歳で亡くなったそうです。

内発的欲求にもとづくマルクスの吸収がようやく

そろそろ締めくくりに向かいます。アメリカ共産党は今も活動をしています。手近なところの情報だと、先のガス・ホール問題によって日本共産党との関係は一時断絶しましたが、ソ連崩壊から一〇年以上を経過した二〇〇三年に両者の関係は正常化され、二〇〇四年の日本共産党第二三回大会には副議長のスコット・マーシャルが来賓として出席しています。また二〇一七年に行われた直近の日本共産党第二七回大会には、ジョン・バクテル議長とアメリカ共産党全国指導部の名前でメッセージが届けられていました。依然として、アメリカ共産党はアメリカの左翼政党・団体の中で相対的に大きな地位をしめています。

しかし、より大きな動きとして注目すべきは、一九八三年に創立された「アメリカ民主的社会主義者」（DSA）の発展です。創立当初一万人に満たなかったと思われる構成員は、DSAの最近のツイート（2018年7月26日）によると四万七〇〇〇人に達しています。すでにアメリカ共産党の数倍の大きさになっていると思われます。「しんぶん赤旗」のアメリカ特派員だった堀江則雄氏は、著書『もう一つのワシントン報道』（未來社、1985年）で、「DSAは一九八三年一〇月、DSOC（民主的社会主義者組織委員会）とNAM（新アメリカ運動）が合流した組織である。まだ『政党』を名乗っていないが、アメリカの社会民主主義左派を結集しようとしている」「創立大会は、共産党が混迷しているなかで、社会主義運動をアメリカでつくりあげていく意気込みに満ちていた」と書いています。

ＤＳＯＣは、アメリカ社会党から離れ、民主党を左に向けて転換することを目的とした社会主義者のグループで、フランスのミッテラン政権を支持するなど社会民主主義派の潮流でした。もう一つのＮＡＭはベトナム反戦活動家、地域コミュニティ活動家、ユーロコミュニズム支持派の元共産党員等が結集した組織だそうです（１０４〜８頁）。

ＤＳＣは、既存の組織に外から力を加えるよりも、その内側に入って構造を転換することを運動の基本的な手法としています。二〇〇六年の中間選挙では、バーニー・サンダースが――二〇一六年のアメリカ大統領選挙で「民主的社会主義」をかかげて一大旋風を巻き起こしたあのバーニー・サンダースです――、任期二年の下院議員から任期六年の上院議員に鞍替えすることを支援しました。また二〇〇八年の大統領選挙では、共和党保守派のジョン・マケインに対抗するためバラク・オバマを応援し、二〇一一年には「ウォール街を占拠せよ」の運動に加わり、さらに二〇一四年後半期以降はサンダースを大統領に就ける活動を最優先課題に位置づけてきました。ウェブ・サイトを見ると、ＤＳＡはサンダースが社会的所有の達成という目標をもった社会主義者でないことは認識しているが、サンダースの政治プログラムには感銘を受けていると書いています。

サンダースのいう民主的社会主義はデンマークなど北欧の社会をイメージした、政府が大多数のくらしのために積極的な役割をはたす社会のことで、サンダースは大統領選挙にむけた経済政策として、①富裕者と大企業への課税強化、②最低賃金の引き上げ、③公共事業による雇用創出、④「どん底に向かう競争」を促すNAFTAやTPPをやめる、⑤公立大学の授業料を無料にする、⑥国民皆保険制度をつくりすべての市民に医療を届ける、などを発表しました。

また、サンダースは、一九三三年から四選を果たしたフランクリン・ローズベルト大統領のニューディール政策を取り上げて、彼が行った公的年金は「社会主義的」だといわれた、最低賃金制度も「社会主義的」だといわれた、失業保険も、週四〇時間労働も、団体交渉も、児童労働の禁止も当時は「社会主義的」だといわれた。しかし、それはすべて今日のアメリカを構成する重要な要素となっているではないかと演説し、言語学者で批評家のノーム・チョムスキーはサンダースを「ニューディール的民主党員」と呼びました。

話を最初の最初にもどして、ヨーロッパに比べて、なぜアメリカには「マルクス主義」が根づかなかったのかという問題についてですが、ぼくは根づかなかったという結論を急ぐ必要はないように思っています。一九世紀にヨーロッパから持ち込まれた「マルクス主義」は、すでに資本主義の社会を確立し、労働者たちが「半世紀におよぶ内乱」をへて労働時間短縮の法律を資本家たちから勝ち取って、さらに労働者解放にむけた多くの政党を誕生させている国々の「マルクス主義」でした。しかし、それが持ち込まれた瞬間のアメリカは、東部には資本主義の急速な発展がみられたものの、いまだようやく奴隷制廃止への取り組みを社会全体のものにしはじめた段階で、全体としての自発的な労働者運動の到達には大きな遅れをとった社会でした。

エンゲルスが「マルクス主義」を知るドイツからの移民に語ったように、労働者の解放にむけたアメリカでの運動は、何よりアメリカ社会の時々の条件に見合ったものでなければならず、何よりアメリカの労働者の発意によるものでなければなりません。そのためには、自分のあたまで考え、取り組み、時に成功し、時に失敗し、また失敗から教訓を導いて次の闘いに向かうという経験の積み重ねが必要で、そのことなしに労働者運動の発展はありません。そうした見地からとらえると、ヨーロッパに比べてアメリカの労働者運動の歴史はいまだかなり短いものですし、「労働者の解放」に向けた諸理論を社会の内部から生み出すには至らず、また「マルクス主義」を名乗る共産党がスターリン信仰に長くとりつかれ、自主的に考えることをせずに半世紀以上をすごしたという大きな失敗の歴史ももっています。

しかし、ソ連型の思想や体制を否定して、社会民主主義を評価しながら新しい社会主義を模索するDSAのような運動は、そうした制限や弱点を乗り越える可能性をもっているように思います。そうした新しい左翼の発展には、ジョン・ゲーツの闘いもなにがしかの影響を与えているかも知れません。実際、DSAには元共産党員の合流もあるわけです。

一九九一年のソ連崩壊により、アメリカではマルクスを読み、研究することがいわば政治的に解禁され、社会的に受容されるようになりました。他方で、リーマン・ショック後の歴史上最悪の貧富の格差が大問題となり、オバマケアのような社会保障政策が歓迎され、最低賃金引き上げや学生への奨学金拡充の運動が起こり、環境問題に立ち向かうクリーン・エネルギー政策が議論されるなど、様々な社会問題の解決が多くの人にとって切実なものとなってきています。

ブッシュからオバマへ、オバマから「トランプ＋サンダース」へというアメリカ政治の急速な様相の変転は、アメリカ資本主義が抱える問題の深まりとその解決を求める人々の運動の反映でしょうが、こうした状況を大きくとらえる時、アメリカ社会とアメリカの労働者たちの運動が、内発的な欲求にもとづいてマルクスを吸収し、現代アメリカ社会がかかえる課題の克服にかなう形でこれを発展させる新たな過程は、いまわれわれの前でようやく進み始めているといえるようにも思えます。スターリン型の「マルクス・レーニン主義」でもなく、マルクスが残したままの「マルクス主義」でもなく、アメリカ社会の現実が求める現代アメリカ型「マルクス主義」の構築を、アメリカ社会はようやく必要とする段階に達したとはいえないでしょうか。

第三部

〈報告と批評〉

生誕二〇〇年のマルクス

２０１８年3月28日（水）に京都の妙心寺・大心院で行われた石川康宏氏の報告、内田樹氏の批評を大幅に加筆整理したもの。

報告

マルクスとは何者であり続けてきたのか

石川康宏

欧米の大学のテキストで『共産党宣言』が第三位に

最初に、最近のあるアンケートについて紹介します。アメリカのコロンビア大学で、アメリカ、カナダ、イギリスなど各地の大学のシラバスをチェックし、それぞれの授業でどういうテキストが使われているかを調べたものです。調べた数はなんと九三万件。自然科学も人文科学も社会科学も広く調べた中で、第三位にマルクスの『共産党宣言』が、そして、あの『資本論』も第四四位に入ったそうです。第一位はストランクという人の『英語文章ルールブック』、第二位はプラトンの『国家』、第四位はキャンベルの『生物学』でした。ちなみに、マルクスが『資本論』第一部を贈呈したダーウィンの『種の起源』が二七位、マルクスが多くを学んだ古典派経済学者アダム・スミスの『国富論』も三七位に入っています。

アメリカなどの大学では、基礎文献の多読が重視されており、選ばれているテキストは必ずしも教員が肯定的に評価しているわけではありませんが、それにしても、現代の大学生が読んでおくべき文献の上位に『共産党宣言』や『資本論』が入っていることには、マルクスの理論の影響力をあらためて教えられた気がしました。

後でまたお話しますが、一九九一年にソ連が崩壊した時、アメリカでも日本でも「マルクスは死んだ」というずいぶん大規模なキャンペーンが行われました。崩壊したソ連は、一九三〇年代にスターリンが中心になって原型をつくったものでしたから、その社会の崩壊をもってマルクスの破綻をいうのは、いかにも短絡的で、それこそ政治的な意図にもとづく議論と言わねばならないものでした。ところが、今ふり返ってみると、その同じ時期は、米ソの対立という生々しい政治のしがらみからマルクスについての研究を解放する、マルクス研究の新しい画期をなす時期ともなっていたのでした。米ソ冷戦の時代に「マルクスをやっている」というと、それだけで「おまえはソ連派か」といったレッテル貼りが行われることがありましたが、そうした政治的な批判が薄れていったのです。

また、二〇〇八年のリーマン・ショックに象徴された世界経済危機は、少なくない人に「資本主義の限界」を語らせもしました。欧米の政財界や論壇からは「恐慌（経済危機）のことはマルクスに聞け」といった声も聞かれました。ソ連崩壊直後にあったマルクスへの全面的な否定から、マルクスの部分的な復権へ――部分的とあえて言うのは、資本主義分析の内容については復権が見られるが、その資本主義が内部に育てる未来社会の究明については、依然、評判が悪いからです――、そうした経過を踏まえた上での先のアンケート結果です。少し長い目で見れば、ソ連崩壊こそがマルクスその人の理論の復権につながったわけで、そこにはスターリンとマルクス、ソ連社会とマルクスが展望した社会の本当の関係がそれなりに正確に反映していると思います。歴史というのは面白いものです。

最近、映画『マルクス・エンゲルス』が公開され、話題になっていますね。この映画について語る仕事があったので、私も要所を巻き戻しながら何度か見ました。原題は「若きマルクス」で、細かいことをいえば史実と異なるところも目につきます。しかし、ユーチューブ（You Tube）を使った宣伝が「フォイエルバッハに関するテーゼ」から、「（これまでの）哲学者たちは、世界をいろいろに解釈しただけである。肝要なのは、それを変えることである」という一節を紹介したのはなかなかのものでした。テーゼはマルクス弱冠二六歳のメモですが、それが意味したのは、机の上での議論でなく、現実が抱える問題の実際の解決こそが本当の課題だということでした。この一節を選びとったところに、映画をつくった人たちの目的や情熱が見える気がしました。

誰にとってのマルクスなのか

さて、今日のお話のタイトルは「マルクスとは何者であり続けてきたか」といういささか回りくどいものです。私が決めたタイトルではありません。かもがわ出版の編集者は、時々、こういう風にけんかを売ってきます。「マルクスは何者だったか」であれば、ぼくなりに理解しているマルクスを書けばよいのですから、ややこしいことは起こりません。しかし「何者であり続けてきたか」となると話はそう簡単ではなくなります。「いったい誰にとって？」という問題が横から入り込んでくるからです。

お隣の山田さんにとっての「マルクスとは何者であり続けてきたか」は、学生時代にゲバ棒で痛い目をみた記憶と一体の青春の苦い思い出なのかもしれません。さらにそのお隣の田中さんにとっての「マルクスとは何者であり続けてきたか」は、ソ連崩壊の逆風にもかかわらず、長く読み続けてきた心の支えだったかもしれません。しかし、お向かいの井上さんにとっての「マルクスとは何者であり続けてきたか」は、「宗教は阿片だ」なんてとんでもないことを言った悪魔のようなやつであったのかもしれません。その他に「マルクスっていったい誰ですか」という人も、いまはたくさんいるのでしょう。では一体、誰にとってのマルクスを……そこは石川が勝手に考えなさいというわけです。一休さんのとんちの世界のようです。

長くいっしょに暮らしている妻一人の心さえまるで読むことができないのに、世界七五億の人の心を読むことなどできるはずがありません。そんなことをぶつぶつ考えるうち、結局、行き着いたのは、昨日のマルクスとアメリカの話にも登場したスターリンがつくり、世界に流布した「マルクス像」、これを論じてみてはどうかということでした。世の中には、マルクスに出会ったことがある人でも、実際に出会ったのはマルクスとは相当に姿の違うスターリン流の「マルクス・レーニン主義」だった人がおり、またそのことに気づいていないという人が相当いるのではないかと思いあたったのです。昨日の話に登場したアメリカ共産党がアメリカ市民に広めていた考え方もそういうものでした。そして、それがアメリカ共産党からの知識人の離反や社会全体での不人気と、アメリカ共産党自体の停滞にもつながったのでした。

世の中に少なからずいる「マルクス嫌い」の人の実態は、少なからず「スターリン嫌い」なのではなかろうか。もしそうであれば、そこの区別に焦点を当てることには、案外大きな意味があるかもしれない。そんなことを勝手に考えてみました。「マルクスとは何者であり続けてきたか」を、「あなたにとって何者かであり続けてきたマルクスは、どれほどに本当のマルクスだったのでしょうか」と、少しひねりをくわえて話してみることにします。

「私はマルクス主義者ではない」（マルクス）

スターリンは、マルクスを決して正面から否定することなく、反対にマルクスの言葉を使いながら、マルクスとはまるで違った理論を唱えました。それは世界の共産主義者を、大帝国の主になりたいというスターリンの野望の実現に動員するためでした。

この影響は、少なくとも一九五〇年代までの日本の共産主義者にもかなりあって、たとえば長く日本共産党のリーダーをつとめた――いまも指導部の一員ですが――一九三〇年生まれの不破哲三氏は、こんなふうに語っています。

「私たちは、若いころに、スターリンは絶対正しいと思って、彼の書いたものを片っ端から読んだ時代をもっているのですよ。だから、そういう世代のものが、スターリン問題をきちんと片づけておく責任があるのです」（不破哲三・石川康宏・山口富男『「古典教室」

全三巻を語る』、新日本出版社、２０１４年、１８９〜90頁）

ちなみに、一九七五年に大学に入ったぼくの世代は、直接、スターリンの書物にふれる機会をほとんどもっていません。当時の左翼学生の間で、スターリンを持ち上げる人はいませんでしたし、むしろどれぐらい強くスターリンを否定するかが、学生たちのグループ分けの一つの基準となっていました。ぼくが読んだものも、どんなことを言っていたのだろうという好奇心から、大月書店から出ていた文庫本を二〜三冊といった程度だったと思います。『スターリン全集』は目にしたことはあったかも知れませんが、お金がなかったこともあって、手にした記憶はありません。ただ、その手の専門書店や大きな本屋さんに行くと「マルクス・レーニン主義」をタイトルに含んだ本は、まだたくさん並んでいましたね。特に、ソ連や東ドイツの学者の翻訳書が多かったと思います。ぼくもわからないなりに、特に哲学関係のものを読んだ記憶があります。

マルクスは「マルクス主義」という言葉を自分では使っていませんし、レーニンも「レーニン主義」とか「マルクス・レーニン主義」という言葉は使っていません。そんなことに関連してエンゲルスはベルンシュタインに書いた手紙で、こんなことを言っています。「あなたはくりかえし、フランスでは『マルクス主義』の評判がひどく悪いと述べていますが、そのことの確証としては、あなたもマロンからの伝聞以外には、何の情報源も持っていないのです。だいたいフランスにおける『マルクス主義』は、実はまったく別個の産物であって、マルクスがラファルグに『これがマルクス主義だというのなら、私はマルクス主義者ではない』といったようなものなのです」（1882年11月23日）

当時からマルクスその人の見解と似て非なるものを「マルクス主義」として語る人はいたということですね。

レーニン亡き後は俺様スターリンの時代だと

スターリンが「マルクス・レーニン主義」の創造に向かった最初は、レーニンが亡くなった直後の一九二四年に行った講演「レーニン主義の基礎」でした。そこでスターリンは、マルクスの理論は過去のもの、二〇世紀の理論はレーニンのものだとして、マルクスを過去に閉じ込めることを提起します。

「マルクスとエンゲルスが活躍したのは、発達した帝国主義がまだなかった革命前（われわれはプロレタリア革命のことをいっているのであるが）の時期、プロレタリアを革命のために訓練する時期、プロレタリア革命がまだ直接的、実践的に不可避的なものでなかった時期であった。ところが、マルクスとエンゲルスの弟子であるレーニンが活躍した時代は、発達した帝国主義の時期、プロレタリア革命の展開期、プロレタリア革命がすでに一国で勝利をおさめ、ブルジョア民主主義をうちくだいて、プロレタリア民主主義の時代を、ソビエト時代をひらいた時期であった。

だからこそ、レーニン主義はマルクス主義の一層の発展なのである」(『レーニン主義の基礎』、国民文庫、9頁)

二〇世紀の現代は何よりレーニンに学べということです。しかし、一見レーニンを高く持ち上げながらも、その本音はレーニンの理論をそのまま評価するものではありませんでした。たとえば一九四一年から五一年にかけて『レーニン全集』の第四版がソ連で発行されたとき、スターリンはそれを自分に都合のいいように改定させています。その一つは、レーニンの手紙を大量にカットすることで、理由はスターリンの名前がほとんどそこに登場しないからでした。つまりレーニンとスターリンのあいだに、親しく、また信頼しあう関係がなかったことがばれてしまうのを嫌ったわけです。二つは、スターリンが断罪したトロツキーやブハーリンの名前が入った文章を抹殺することです。昨日のお話にも関連しますが、これはスターリンが行った「大テロル」と個人専制体制づくりを正当化する行動の一環でした。三つは、新しく発見されたレーニンの文書のうち、これも昨日紹介した「大会への手紙」などスターリンを批判するものや、スターリンがとっている政策に反するものを取り入れないということです。

要するに、スターリンには、レーニンも自身の野望を実現するための活用の対象でしかなかったのです。マルクス、エンゲルスは過去の人であり、後を継いだレーニンはスターリンに都合のよい形に整えておく。そして、そのレーニンも亡くなってしまった後には、俺様スターリンしか残っていないではないか、というわけです。

『ソ連共産党（ボ）小史』の世界的規模での学習運動

講演「レーニン主義の基礎」の後、スターリンは「マルクス・レーニン主義」という言葉をつかうようになり、さらに「大テロル」が終わった一九三八年九月に『ソ連共産党（ボ）小史』を発表します。「ボ」というのは、ボリシェビキ（多数派）の略です。それは一九〇三年の第二回党大会での意見の対立をきっかけに、レーニンを中心としたグループがこのように呼ばれ、他方がメンシェビキ（少数派）と呼ばれたことによるものでした。『小史』は、「大テロル」の後に残されたソ連と各国の共産主義者を、あらためてスターリンの下に結集させる新しいいわば「洗脳」の武器として、スターリン自身が準備したものでした。直後の一一月にはソ連共産党は『小史』を活用しての「党の宣伝工作」に関する決議を行い、コミンテルンに加盟した各党からは「コミンテルンの各支部内での『ソ連共産党（ボ）小史』の頒布研究とマルクス・レーニン主義の宣伝について」という共同声明が発表されます。呼びかけたのは、フランス、イギリス、ドイツ、イタリア、そしてアメリカの共産党の五党でした。各国の活動家は『小史』の各国語訳づくりに動員され、ここから世界の共産主義者のあいだで、大規模な学習運動が展開されていきます。そして、その内容が各国の市民社会にも普及されていきました。スターリン製「マルクス・レーニン主義」がマルクス（主義）の顔をして、大々的に世界に広められ始めた瞬間です。

『小史』は、「大テロル」を正当化するために、ソ連共産党の歴史を大きく書き換えました。スターリンがでっちあげたトロツキーやブハーリン等による「反革命陰謀」は、すべて歴史の真実と認定されました。もしそれが本当であれば、レーニンはそれらの反革命分子に取り囲まれながらそれに気がつかずすごした、実にまぬけな革命家ということになってしまいます。また、『小史』は、党創立の最初からスターリンがレーニンとならぶ指導者だったというつくり話のために、ロシア共産党の創立の時期を一九〇三年から一九一二年に変更するという、とんでもない歴史の偽造も行いました。さらにロシア革命の成功がレーニンとスターリンの共同の結果だという「スターリン神話」のために、一九一七年の二月革命から一〇月革命までの歴史も書き換えています。さらに『小史』は、ロシア革命の経験を単純化して、これを世界の革命運動のモデルになるものと位置づけました。

どれもこれも「俺様スターリンはすごい」、だからみんな「俺様スターリンの言うことを聞け」というための内容です。

『小史』の理論がもった影響力

不破哲三『スターリン秘史』の第二巻「転換・ヒトラーとの同盟へ」には、『小史』の学習運動をよびかけた五か国共産党の共同宣言が要約されています。そこから特にこの本の理論的意義を語った部分を抜き出すと次のようになっています。

①『小史』の出版は世界の共産主義運動の歴史でもっとも偉大な出来事の一つで、この本はマルクス・レーニン主義の文献のなかできわめて重要な位置をしめる。②『小史』は創造的なマルクス主義の模範的標本であり、全世界でのマルクス主義思潮の新しい高揚の起点となろうとしている。③『小史』は簡単な科学的百科全書であり、マルクス・レーニ

ン主義の科学の基本的知識を包括している。④ソ連共産党（ボ）の歴史は世界の労働者運動の共有財産で、ソ連は世界の労働者運動の最高目標の生きた化身で、あらゆる国の勤労者にとって決定的な意義をもっている（43～45頁）。

ソ連を「労働者の祖国」と無条件に肯定する発想は、上の最後の項目と深く結びついたものだったのでしょう。

関連して、不破氏は『小史』との出会いを次のように回想しています。

「戦後の日本でも、とくに科学的社会主義を勉強しようとする若い世代にとって、『ソ連共産党（ボ）小史』が持つ意義は、特別のものがありました。

私も、マルクス、エンゲルスにせよ、レーニンにせよ、その著作をまとまって手に入れることは困難な時代に、『小史』の日本語訳に触れ、科学的な革命論に歴史的体系的に初めて触れるという思いで、読みふけった記憶があります。……大学時代には、ソ連の代表部から、『ソ同盟共産党（ボルシェビキ党）歴史』やスターリンの著作二七編を集めた『レーニン主義の諸問題』（これはページ数一一六九ページという大冊でした）が、各方面に大量にもちこまれて、事実上、学生党員の〝必読文献〟扱いされました。

古本屋を探して戦前のレーニンの著作を手にいれても、政治的文脈や時代背景は『小史』

で勉強してそこにはめ込んで読む、という調子ですから、『小史』を通じてスターリン流の『マルクス・レーニン主義』を頭のなかにたたきこんだものでした。
日本では、これは読書の自由が確立した戦後初めて起こった現象でしたが、世界的には、各国の共産党のあいだで、同じような現象が三〇年代の末から起こっていたのだと思います」(同46頁)
『小史』の呪縛は、現代のわれわれの想像を遥かに超えるものであったようです。

「マルクス・レーニン主義」の批判に向かう「異端」の動き

再び、ぼくの学生時代にもどってみると、一九七〇年代後半当時には「マルクス・レーニン主義」と題された本とともに、「スターリン主義」や「スターリン問題」の批判的な検討を課題とした本も目につくようになっていました。ソ連社会内部からの告発といったものやイタリアのジャーナリストによるものもありましたが、「マルクス・レーニン主義」の理論問題を正面から検討したものは、多くが日本の研究者によるものだったと思います。そのものズバリのタイトルの本もありましたし、『現代と思想』などの理論誌に、政治学、経済学、歴史学などその分野の有名な学者たちによる座談会が何号にも渡って掲載されたこともありました。

日本の研究者が様々な立場からではあれ、そうした課題に取り組むようになっていたことには、昨日もふれた日本共産党の「異端児」ぶりが背景にあったと思います。日本の共産党は、スターリンとその後継者による支配の手を払いのけて、ソ連共産党の政策や判断、理論を特別視しないという自主独立の姿勢を、ソ連共産党の代表も参加した一九五八年の大会で決定していました。

その後、この党は、一九六三年にフルシチョフによるケネディとアメリカ帝国主義の美化を正面から批判し――フルシチョフの誤りは、アメリカによるベトナム戦争の開始でただちに一目瞭然となりました――、一九六四年には日本の共産党をソ連共産党日本支部につくりかえようとする大規模な干渉が行われますが、これを理論的にも組織的にも跳ね返していきます。そして、一九六八年に行われたソ連のチェコ「進入」を、社会主義を語る国にあってはならない「侵略」だと厳しく批判し、一九七〇年には千島列島の領有をめぐるソ連の不条理も指摘しました。

日本共産党の「異端児」ぶりは、さらに拡大していきます。一九七〇年の第一一回党大会では「マルクス・レーニン主義」の事実上の理論的総点検を宣言し、社会主義においても議会制民主主義と複数政党制の継承が当然であること、また一九七三年には農業の集団化はあくまで農民の自発性にもとづいて行われねばならないと、事実上のソ連批判を展開していきます。つづいて一九七六年には党の文書で「マルクス・レーニン主義」という用語を使うことをやめ、これを「科学的社会主義」に変更し、同時に、生存の自由、市民的政治的自由、民族の自由を未来社会においてますます発展させる「自由と民主主義の宣言」を採択しました。当時のソ連は、自身を「発達した社会主義」の段階にあるなどと自己規定していましたが、日本の共産党はこれを否定して、一九七七年には、ソ連はいまだ社会主義に達していない社会主義の「生成期」にあると断じました。

こうした理論活動上の自由奔放ぶりは、ソ連共産党からの圧力に抵抗できないヨーロッパの共産党内部から、羨望の眼差しをそえて「不敵」と評されることさえありました。

ぼくの学生時代は、そういう理論活動が生き生きと展開する時代でしたから、ぼくなどはマルクスの書き物にやられると同時に、日本の共産党のこの「異端」の気概と理論活動にやられるということにもなったのでした。そういう時代の流れがありましたから、マルクスを吸収しながら社会科学をやっていた日本の研究者たちが、「スターリン主義やスターリン問題の批判」に熱を込めて取り組んだのは、とてもよく理解できることでした。

「全般的危機」論の尻尾を落とす

とはいえスターリン理論の克服は、決して簡単な問題ではありません。なにせその後も、少なくとも一九九一年のソ連崩壊まで、「マルクス・レーニン主義」は世界の共産主義運動の中で半世紀以上も支配的な地位にありつづけたのですから。その批判には、一方で「マルクス・レーニン主義」の縛りからはなれてマルクス等を研究しなおす作業が求められ、他方では現実の資本主義の発展、労働者運動の成長や曲折の検討、さらには「社会主義」を自称する国々の冷静な分析も進められねばならず、それには、相応の時間が必要なのでした。

その経過をもう少し、「異端」の党の理論活動の歴史で追ってみます。

一九八〇年にソ連によるアフガニスタンへの侵略が起こると、これを批判するなかで日本共産党は「社会主義と個性の発展」という問題を提起します。マルクスの人類史のとらえ方にはいろいろなバリエーションがありますが、その一つに人間同士の「依存関係」をものさしとした三段階論があります。個人が様々な共同体（集団）の中に埋没していた封建制までの段階、法の前の平等を獲得し、労資関係に取り込まれることで共同体から離脱し、個人（個性）の発展が開始されるにいたった資本主義の段階、そうして育った自立した個性が互いに自発的に共同しあう未来社会の段階というものです。

このマルクスの見地に学びながら、日本共産党は現存「社会主義」に十分な資本主義の時代がなかったことを振り返り、それが、生産力などの経済的な発達の遅れだけでなく、本来の社会主義を担うのに相応しい個性の未発展をもたらしたとしたのです。未来社会を担うのに必要な人間の歴史的形成という問題の提起で、これは最近の『資本論』研究の深化にもつながる問題でした。

つづいて一九八五年には「資本主義の全般的危機」という規定が党の諸文書から削除されていきます。時がたつほどに資本主義は危機を深める、資本主義はすでに上昇的な発展の生命力を失っており、社会主義への転換に向けた解体の道を段階的に進む他なくなっている――そういった議論でした。これは、ぼくの学生時代にも、特に帝国主義を論ずるものによく見られた見解で、一方で、そういう論文を読んで歴史の大局はそうなっているのかもしれないと思いながら、他方で、戦後日本の「高度成長」などをとらえて、この理屈は資本主義発展の現実にあっていないんじゃないかと、学生同士で議論を交わしたものでした。

当時の日本共産党は、実質的には、単純な「危機」論の見地に立つものではすでにありませんでしたが、この時はその最後の尻尾を切り落としたということでした。あらためて「全般的危機」論は、マルクスにもレーニンにもないブハーリンに発する議論であり、それをスターリンが自己流に修正して、自身の理論的成果であるかのように世界に普及した、そういう歴史の過程が明らかにされました。また、二つには、資本主義の改革にせよ社会主義に向かう改革にせよ、その実現には多数者の同意が必要で、その同意づくりに向けた主体的な条件の成熟が不可欠だが、そのことを抜きにした「一路危機深化」という議論は、単なる革命待望論だということも指摘されました。

ただ、ぼくなりの感想を付け加えておけば、この時のこうした解明は「全般的危機」論にとってかわる資本主義の運動法則、この時は特に資本主義の死滅の過程に焦点が当てられたわけですが、その積極的な対置という点では不十分さを残していたと思います。「全般的危機」論を批判する理論的基準としてもっぱらレーニンがとりあげられていた点にも、当時のマルクス研究の到達が反映していたように思います。

マルクス革命論の転換の究明

あれから三〇年以上の時間が経過し、その後のマルクス研究、特に『資本論』研究の深化は、「全般的危機」論批判当時の不足をかなり埋められるものになってきました。

深められた論点の一つは、一八六〇年代のマルクスによる革命論の大きな転換でした。一八四八年に『共産党宣言』を書いた当時のマルクスは、その六〇年ほど前に起こった一七八九年のフランス大革命を「革命」の典型ととらえていました。生活が苦しくなる中で、政治への不満が爆発するきっかけがあれば、人々は一挙に街頭に立ち上がるはずだといった理解です。マルクスは資本主義の下でそのきっかけとなるのは、周期的な恐慌の到来に違いないと考えました。

しかし、その判断は一八六五年前後に大きく転換します。一方では、マルクスが大きな期待をかけた一八五七年の恐慌時に、ヨーロッパのどこにも目立った労働者運動の高揚が起こらなかった現実がありました。他方では、『資本論』のための一八六五年の草稿での資本主義にとっての経済恐慌の位置づけの大きな転換が起こります。それまでのマルクスは、恐慌を資本主義の末期症状の現れと考えていましたが、それを、景気循環の中でしか運行することのできない資本主義経済にとっての日常的な生活の一コマだと、一八〇度といってもいいとらえ方の転換に至るのです。

さらに、その時期、マルクスは一八六四年に発足したインタナショナルでの労働者運動の運営という実践活動に加わっていました。それらが相まって、マルクスの革命論は古いフランス革命型あるいは「恐慌＝革命」型から、資本主義がかかえる構造的問題への理解を深め、その構造を転換する道の実現に向けて多くの人の合意を形成していくという「多数者革命」型に変わったのでした。

これは裏を返すと、どんなに経済的な危機が深まり、政治への不満が強くなっても、それを打開する方法を示し、それに必要な行動を組織する力がなければ状況の転換はない、労働者がその力を身につけられぬ限り資本主義は永遠につづくということです。いまでも時々、日本人はこんなに苦しい目にあっているのにどうして立ち上がらないんだ、どうして自民党に一票をいれるんだという人がいますが、答えはとても簡単で、自民党や支配層の方が自分たちの政治への同意をとりつける力が強く、これを批判し、転換しようとする側の力がいまだ小さなものにとどまっているからです。こうしたマルクスによる革命論の転換への着目は、かつての「全般的危機」論批判の不足を大きく補うものとなっています。

資本主義の中での労働者の発達

もう一つの大きな前進は、資本主義の中で労働者がどのような発達を遂げ、どのようにして資本主義を超える力を身につけていくかという点の究明です。これもまた『資本論』に対する研究の成果です。

ぼくの若い頃には『資本論』を学ぶことの眼目は、資本家による労働者への搾取の仕組み――『資本論』第一部では、それは生産的労働者からの剰余価値の取得として分析されました――を理解し、そこにこそ労働者が資本主義の枠にいつまでもとどまることのできない社会構造上の根拠がある、その階級対立の根本を深くとらえるところにこれを読む目的があると言われたものでした。しかし、いまふり返ってみると、それだけでは未来社会への展望は拓けません。資本主義の改革や社会主義への革命に向かう取り組みが、なぜ、どのようにして社会の大勢となっていくのか、その問題が抜けてしまうからです。『資本論』の読み方が古い革命論とセットになっていたといってもいいかも知れません。

近年の研究は、これについて『資本論』に次の三つの角度からの究明が含まれることに着目しています。

一つは、労働者が過酷な労働条件の中で、自身と家族の命と健康を守るために、資本の横暴と闘うことを余儀なくされ、その抵抗の力を発展させずにおれないというものです。マルクスはそれを一八世紀後半からのイギリスに起こった半世紀におよぶ「内乱」の結果として、歴史上初めての労働者保護法――工場法が勝ち取られていく過程から導きました。いくつかのザル法の後、一八三三年に初めて実効性のある工場法が獲得されますが、一八三〇年代というのは、機械制大工業が社会全体の支配的な生産様式になっていく産業革命の終了にあたる時期でした。

機械制大工業は、それまでの職人による手工業や職人同士の分業の段階と違って、資本の専制に抵抗する強みとしての職人の熟練を不用にし、多くの女性や子どもを機械の付属品として際限のない長時間労働に巻き込みます。『資本論』には当時の過労死も紹介されていますが、こうした過酷な労働条件の広がりが、資本にただ殺されるわけにはいかない労働者に、労働組合の結成など、資本の横暴と闘う力を養わせたのでした。歴史的にはこれが、剥き出しの資本の論理に、国法をもって社会的公正を適用する闘いの最初の成果となります。現代日本での時短闘争、最低賃金の引き上げを求める取り組み、八時間はたらけばまともに暮らせるルールを求める闘いなどは、この延長線上に位置づくものです。

革命への意思の形成、未来社会を担う力

二つ目は、こうして資本主義の横暴を制御するにとどまらず、資本による労働の搾取を不可避とする経済の構造そのものを転換し、労働者を資本による支配から解放しようとする運動の力を、労働者が蓄えていかずにおれないという問題です。マルクスが活躍した一九世紀の半ばには、すでに社会主義や共産主義の実現を目標とする様々な運動が――その内容はいろいろでしたが――ありました。

法によって資本のあの横暴を抑えても、次にはこちらの横暴が立ち上がり、苦労してそれも抑えても、またそれをかいくぐる別の横暴が現れる。そうした横暴とその抑制のいたちごっこを抜け出すには、個々の対症療法にとどまらない、横暴を無限に生み出す資本主義の病原を治療するしかない。そのことを自覚的に追求する労働者の探求と運動の発展です。実際、そうした運動がすでにあったからこそ、一八六四年のインタナショナルの結成は可能となり、マルクスはその最大公約数的な目標を「労働者階級の解放」とすることができたのでした。そして「労働者の解放」とはいったいどういうものであるかをめぐるたくさんの論争を、その土俵の上で行うこともできたのでした。

ついでにいえば、このインタナショナルの取り組みをきっかけとして、一八七〇年代に

は各国に「労働者階級の解放」をめざす労働者政党が生まれ始めます。社会民主党や労働党など、名前はいろいろでしたが、それが二〇世紀の共産党の先輩となるのでした。

三つ目は、社会主義という共同の経済を現に担い、運営する力を、労働者が資本主義の中で獲得していくという問題です。マルクスは『資本論』で未来社会を「共同的生産手段で労働し、自分たちの多くの個人的労働力を自覚的に一つの社会的労働力として支出する自由な人々の連合体」（①133頁）と特徴づけたことがあります。その「多くの個人的労働力を自覚的に一つの社会的労働力として支出する」ということを、無駄なく円滑に行うことのできる力を養っていくということです。

機械制大工業は、それまでの個人（とその補助者）による労働を、資本によって結合された集団の労働に転換します。そうして結びつけられて初めて特定の生産を完結させる集団を、マルクスは「全体労働者」と呼びました。この労働者たちは、同時に、資本の支配の外で労働組合や政党などを結成し、団結し、協同し、各人の労働条件を改善します。同時にその闘いは「全体労働」のあり方を、社会全体の利益に向けて、自覚的に制御していくことにもつながります。たとえば、ぼくの大学の教職員組合が、賃金や人員配置、雇用形態などの改善を求めるだけでなく、学生への就学支援や学習環境の改善を求めていくことは、ぼくたちの全体労働を、誰のために行うのかという「全体労働」の質の転換につながっているわけです。利潤第一を正面からかかげる営利企業の内部であれば、こうした転換の意義はなおさら重大です。ここはぼくの学生時代にもよく議論されていた企業（資本）の民主的管理の歴史的な意義の検討にもあらためてつながるところでしょう。

こうして、資本主義を改良する力の発達、未来社会に向けて政治を切り拓く力の養成、未来社会を実際に担いうる能力の形成を必要不可欠な条件として、マルクスは資本主義における生産手段の私的所有を社会的所有に転換していくことの必要性と現実性を語ったのでした。これもかつての「全般的危機」論批判の不足を補う重要な論点になっていると思います。

なお、関西大学名誉教授だった森岡孝二さん（故人）が、最近「日本経済論」の研究に労資関係の分析が希薄であることの問題を指摘しながら、それが『資本論』中の労働者状態の分析の意義への読み込み不足と結びついているという発言をされているのはとても重要な問題提起だと思っています。

リーマン・ショックと周期的恐慌

このようにマルクスの経済学には、生身の人間が舞台の重要な人物として終始登場してきます。経済学というと、数式やグラフや図表ばかりというイメージの方もあるかも知れませんが、そして、もちろん人の行動や発達の一面を数値化することは可能でしょうが、マルクスが経済学の対象として何より重視したのは、生産様式の発展の中での人間の成熟、それによる人間関係の変化なのでした。そこは、一九九一年のソ連崩壊をきっかけに台頭した、すべてを資本の自由にまかせよとする「新自由主義」の経済学との大きな違いとなっています。

マルクスの経済学の現代的な有効性についてですが、リーマン・ショックの後、スイスの大手銀行UBSの上級経済顧問ジョージ・マグナスが「マルクスに世界経済を救うチャンスを」という論説をブルームバーグ・ビューに発表したことが話題になりました。「恐慌のことはマルクスに聞け」の典型です。リーマン・ショックに象徴される世界経済危機については、単なる金融危機ではなく、金融危機を引き金とした過剰生産恐慌であるとのとらえ方が肝心です。その恐慌をマルクスほど深く究明した人はおらず、その成果は現代の恐慌発生のあり方を分析する上でも、重要な意義をもっています。『資本論』とそのための草稿には、恐慌の可能性、原因あるいは根拠について、運動論と、恐慌研究の三つの領域が示されていますが、従来光があてられることの少なかった運動論は次のようになっています。

資本主義の経済は市場経済の上に成り立ちます。それぞれの資本は市場を通じて利潤を追求しています。市場は生産者である資本が消費者と相対する場ですから、そこをしっかり見ておけば、消費の動向に応じてモノの生産量を調整し、それによって過度の生産は防ぐことができるはずです。しかし、現実には、一八二五年のイギリスでの恐慌をきっかけにして、消費力をはるかに超えた生産の加熱が起こり、それを販売しきれなくなる資本が破綻し、生き残った資本も生産を縮小せざるをえず、それによって大量の失業者が生まれ、中小下請資本が倒産し、社会の消費力がますます萎縮に向かうという悪循環が、今日まで二〇〇年近くも周期的に現れています。社会全体の消費力に対する生産の相対的な過剰、この過剰生産にもとづく経済の破綻が資本主義のもとでの恐慌です。生活に必要な物資の不足でなく、物資がありあまることによってそれが破綻するというのは資本主義に特有の経済危機のあり方です。

「架空の消費」が市場に過剰生産を

どうして、生産と消費のバランスを調整する市場の機能が周期的に破綻するのか。その均衡が崩れるようになったきっかけは、生産者と最終消費者の間に商業資本が入り込んだことだとマルクスは指摘します。いまなら大型の家電量販店を思い浮かべるといいかも知れません。それが生産者から商品を大量に買い取り、生産者にかわって最終消費者に販売するようになる。生産者にとっては商品が最終消費者の手に渡る前に「架空の消費」がこれを買い取っていくという現実が生み出されるのです。

くわえて、そこに資本間の競争が作用します。生産する資本は、生産する資本同士で競争しあう。たとえばパソコン・メーカー同士の何台売るかという競争です。また販売する商業資本は、商業資本同士で競争する。なんとかカメラとなんとか電化は、コマーシャルやら、目玉商品の安売りやら、あらゆる手をつかって最終消費者を引きつけようと競い合う。その中で、商業資本はわれこそがこの競争に勝ち抜いて、大量に商品を販売することができるはずという希望的な観測にもとづいて行動し、生産資本は生産資本で、われこそがもっとも大量に商業資本に品物を卸すことができるのだと、そういう観測にもとづいて行動します。競争に負けまいとすれば、資本はそういう行動に駆り立てられる他ないのです。商業資本は莫大な在庫を抱え、生産資本はその商業資本の注文に応じて生産する。

しかし、現実には最終消費者の消費力には限りがあります。そこで、生産が加熱していく途中のある時点で、いずれかの商業資本が大量の在庫をかかえて破綻します。その瞬間に、生産には急ブレーキがかかり、生産の縮小が短期間に起こるわけです。リーマン・ショックの直後、日本ではそれが大量の派遣切りとして現れました。

こうした過剰生産を促進した大きな要因として、マルクスは銀行資本の発展もあげています。銀行資本は、生産資本に手持ちの資金をはるかに上回る設備の拡張を可能にし、商業資本には店舗や仕入れの拡大を可能にします。さらに、最終消費者が周辺地域や国内だけでなく、世界全体に広がることにより、最終消費の見通しがますます不透明になるというグローバル化の弊害も指摘しました。それらの要素が重なって、資本主義は周期的な恐慌を回避することができない構造になっている。こうした分析を、マルクスは世界最初の恐慌からわずか四〇年ほどのあいだに成し遂げました。たいしたものだと思います。

金融バブルが「架空の消費」を

ではリーマン・ショックの時はどのようだったか。経済危機に先行して行われていたのは、一つには借金の返済能力が低い人に価格上昇という見通しを前提した不動産を担保に貸し付けるサブプライム・ローンにより、銀行資本が一過性の巨大な消費力を社会の中に生み出していたということ、二つには、そのサブプライム・ローンの回収（借金返済を求める）債権を大量に組み入れた金融商品を投資銀行が販売し、その投機利益にもとづく莫大な消費力を生み出していたということでした。

しかし、土地価格の永遠の上昇という想定を無条件に前提したサブプライム・ローンは、二〇〇〇年代半ばからの土地価格の下落によって破綻します。ローンの返済は滞り、その債権を組み入れた金融商品の価格も急落します。その結果、それまでの金融バブルは破裂して、一挙に社会の消費が縮小していきます。それまでのマネーゲームが生み出していた「架空の消費」が一挙に収縮したのです。バブルによる消費という梯子をはずされた生産資本は、一挙に「過剰生産」を露呈せずにおれなくなりました。これがリーマン・ショックの内実です。

金融バブル主導の恐慌というのは新しい現象で、それが恒常化するとなれば、そうした資本主義経済の変化は大きな問題としてしっかり理論化していく必要がありますが、そうした理論の発展を展望する時に、すべては資本の自由にまかせよという「新自由主義」の無力と対比すれば、出発点に据えうるマルクスの研究の優位性は圧倒的です。

機械制大工業の確立による資本主義社会の確立

以上、主にスターリン型の「マルクス・レーニン主義」と対比して、マルクス本来の理論とその発展について述べてみました。さて、みなさんにとって何者かであり続けてきたマルクスは、どこまで本当のマルクスだったでしょう。少しでも新しい発見があれば幸いです。

最後になりますが、このマルクスの究明は、現代の日本社会にとってどういう意義をもっているか、この問題についてふれておきます。「現実の日本社会にとって、マルクスは何者であり続けてきたか」ということです。

一つ考えたいのは、日本に資本主義社会はいつ確立したのかという問題です。マルクスはイギリスの産業革命を分析して「一般に、独自の資本主義的生産様式は」——機械制大工業のことです——、「それが一つの生産諸部門全体を征服してしまえば、ましてすべての決定的な生産諸分も征服してしまえば」「いまや、生産過程の一般的な、社会的に支配的な、形態となる」としています（『資本論』③、875頁）。このように機械制大工業が経済社会の支配的な要素となる過程を「産業革命」と読んでおけば、イギリスでの産業革命の終了は一八三〇年代で、それは資本主義的な経済循環の開始を象徴する一八二五年の最初の恐慌ともおおよそ一致しています。経済構造全体の中で機械制大工業が支配的な地位をしめるようになった瞬間から、それ以前にはなかった資本主義に固有の経済循環が始まったのでした。

あわせて政治の分野を見ると、イギリスでは、一七世紀の清教徒革命、名誉革命以来、ブルジョア革命がすでに大きく進んでおり、一八三二年には貴族や大地主だけでなく、資本家にも選挙権が与えられ、一八六七年には労働者の一部にもそれは広がります。経済だけでなく、社会の政治的な上部構造にも民主主義が広げられ、さらに長い闘いの末に労資関係についての実効性ある法的制御がはじめて誕生したのは一八三三年のことでした。これをふくめて、おおよそ産業革命の終了とともにイギリスでは、経済と政治の双方をふくむ資本主義の「社会」が確立したといっていいと思います。

日本での資本主義社会の確立は

では日本はどうだったか。マルクスを吸収した学者たちによる戦前の大きな研究に『日本資本主義発達史講座』（1932～33年）があります。革命家であり、経済学者でもあった野呂栄太郎が中心に立って編集したもので、ここに集まった人たちが後に「講座派」と呼ばれるようにもなっていきます。あらためて読み返してみると、そこには産業革命はいつかという議論はありますが、日本が資本主義の社会を確立したのはいつかという論点はありません。マルクスのイギリス分析に準拠して、日本でも両者は同時期だという暗黙の了解があったのでしょう。イギリスに照らして日本の産業革命はかなり特殊だという指摘はありますが、それによって資本主義社会の確立期がどう影響されたかという論点はありません。一九一〇年までには日本の産業革命は終わったというのがおおよその見解で、それは戦後の「講座派」を引き継ぐ多くの人にも有力な見解として維持されています。

しかし、もう少し突っ込んでみていくと、日本経済史にかんする特に戦後の研究は、次のような指摘を含んでいます。

一つには、日本の機械制大工業は西欧から移植されたもので、それらの機械を生み出すだけの「本来的マニュファクチュア」の内的発展は、日本では未成熟なままだった。二つには、産業の機械化は民間では外貨獲得のために繊維産業に集中し、他は「富国強兵」の政治方針にもとづいて軍需・インフラなどの国家資本に集中した。つまりは、主な産業の全体に広まったわけではなかった。三つには、イギリスの産業革命が終了する指標とされた生産手段生産部門――工作機械の生産部門ですが――は、日本では民間資本によっては達成されず、これも国家資本によって行われた。四つには、機械が導入された繊維部門でも、在来の問屋制家内工業、手工業など旧来の生産様式が広範に残り、その領域全体を独自の資本主義的生産様式が支配したわけではなかった。五つには、軍工廠もふくめて当時の労資関係は、人格的隷属を特徴とする半封建的なものだった。それは小林多喜二の『蟹工船』などでも有名ですし、戦後禁止されたタコ部屋、さらには致死率がきわめて高かった囚人労働の利用などにもあらわれました。六つには、戦前の生産者の多数は半封建的な寄生地主制下の農民・小作人たちで、地主制と資本主義の力関係の変化は進んだものの、資金面でも市場面で両者は相互依存の関係にあった。七つには、一九〇〇年、〇七年の日本の恐慌は、世界恐慌の受動的波及という色彩を強くもち、必ずしも自生的とはいえなかった。最後に政治構造の問題ですが、八つ目に、戦前の天皇制権力は、西欧ではブルジョア革命で打倒された「王権神授説」にもとづくもので――天皇は天照大神の子孫であり、現人神なのですから――、大日本帝国憲法は神聖にして侵すべからざる天皇を筆頭に、皇族、華族、臣民などの身分制を内包していた、などなどです。

これらを総体として見た時に、果たして日本は、一九一〇年時点で資本主義の社会を確立したといえるでしょうか。ぼくは、経済面でも政治面でも、戦前日本は封建制から資本主義への過渡期の社会にとどまったのではないかと思っています。そして、それを大きく変化させ、資本主義社会の確立を達成させたのは敗戦後のいわゆる「戦後改革」の時期ではなかったのかと。

その主な理由は、一つには、その時期にアメリカ占領軍によって天皇制国家機構が解体され、また主権在民の現代憲法が制定され、これと直接にかかわって大資本・財界が初めて国内の支配勢力の中軸に座ったこと。二つには、農地改革による寄生地主制の解体により半封建的な労働から農民が解放され、確立した自作農によって資本主義の発展を促す国内市場が急速に拡大し、さらに、これが一九五五年に始まる「高度経済成長」に必要とされた低賃金労働の供給源ともなり、一九五〇年代に日本の階級構成の多数派がはじめて労働者階級になっていくこと。三つには、その結果、日本社会の基本的な階級対立は大資本・財界と労働者との対立が基本となり、その労資関係が労働組合法や労働基準法などに具体化された労働三権にもとづく近代的労資関係に転換されたこと、などです。これらの変革に至る以前の戦前日本社会は、社会の一部に機械制大工業を内包したとしても、全体としては、いまだ資本主義への過渡的な社会だったように思います。

「全般的危機」論、レーニン段階論の影響も

では、なぜこのような問題提起が今日まで行われないままになったのか。戦前の講座派にとっての最大の理由は、もちろん彼らが戦後社会の大きな変化を知らなかったということでしょう。しかし、その他にもいくつかの理論問題があったと思います。一つは、マルクスがイギリスの具体的な現実に即して述べた「産業革命」による資本主義社会の確立を、日本社会に機械的に適用しようとした問題です。しかし、二つ目のより大きな問題は、当時のマルクス派研究者の多くが、日本も革命近しという「全般的危機」論に強く影響されていたことだったと思います。社会主義に向かう革命が間近に控えているのであれば、日本社会がすでに十分に発展した資本主義であるのは当然だという理屈になるからです。

三つには、これは特に戦後の議論の問題ということになるかもしれませんが、レーニンの独占資本主義論、国家独占資本主義論を日本の経済発展に適応して、第一次大戦と第二次大戦の間の時期に独占資本主義段階に入った、日中戦争に突入する中での戦時総動員体制の確立で国家独占資本主義段階に入ったと考えた、そこにも問題があったと思います。

レーニンの理論は、独占資本主義の段階はすでに「死滅しつつある資本主義」の段階であり、国家独占資本主義の段階は「社会主義の入口」ですから、これもまたそれ以前に資本主義社会が確立しているのは当然だということになってしまいます。

この三つ目の問題についていえば、ぼくは自由競争から独占へ、さらにそこへの国家の介入など、資本間の関係に計画性の要素が強まることを基準に、資本主義発展の歴史的地位を規定しようとしたレーニンの理論の再評価が必要だと思っています。ぼくなりの見解は、『経済』という専門誌に、すでにいくつか書きました。

もし、日本資本主義の発展をこのようにとらえることが妥当なら、昨日のアメリカの話で、西ヨーロッパに比べて遅れたアメリカ労働者運動の発展には、機会と時間が必要だとエンゲルスが語ったことを紹介しましたが、同じ角度から日本の労働者運動をとらえかえすことも可能です。労働者政党や労働組合の合法性が確立するのは戦後のことで、とりわけ多くの労働者が労働組合と接する機会をもつようになったのは戦後のことです。現代のEU諸国と日本の労働・生活条件を比べた時、労働時間、有給休暇、時間賃金、社会保障、教育など多くの面で日本には大きな遅れがありますが、その最大の要因は、資本主義社会の確立の時期の相違にともなう労働者階級の確立の時期の相違であり、資本主義を改革していく力を発達させる期間の相違だろうと思います。

二一世紀を目前に控えた一九九九年にＢＢＣが行った「過去一〇〇〇年間で、最も偉大な思想家」を問う視聴者アンケートで、ヨーロッパの市民は第一位にマルクスをあげました。その後にはアインシュタイン、ニュートン、ダーウィンといった錚々たる自然科学者がならびます。また、マルクス生誕二〇〇年にあたり、ヨーロッパ最大の資本主義国であるドイツのシュタインマイヤー大統領は、マルクスを「熱烈な人道主義、出版の自由、人間的な労働条件、情勢の役割の評価、環境問題」などに取り組んだ人物と評価しました。日本でのマルクス受容とは様相を大きく違えるわけですが、そこにもまた労働力人口の八割を占める労働者の現代の社会構造に対する理解の深浅の差が反映していると思います。

憲法の後を追って運動が

二つ目に考えておきたいのは、そういう日本社会にあって、日本の労働者運動はどのように発展し、どのような段階にいたっているのかという問題です。今日は特に「市民連合」や「市民と野党の共闘」の位置づけに焦点をしぼって考えます。すでに見たように、マルクスの時代、労働者運動はいくつもの闘いを重ね、いくつものザル法をへた上で、時間をかけて工場法——教育条項や保健条項を含む労働者保護法——の獲得に至り、次第にそれを充実させました。大きくは、何を勝ち取るかという意思が先にあって、それにしたがって闘いが繰り広げられたのでした。

その点で、戦後日本はかなり事情が違っています。日本に資本主義が確立した時、日本には労働者運動全体の水準を大きく超える日本国憲法が制定されていました。草案は、ニューディール派と呼ばれるアメリカ政府内でもより民主的な人々によって準備され、帝国議会で二五条の生存権を追加するなど日本国民の意思も反映されましたが、天皇を退位させて主権在民とする、自由権だけでなく社会権もふくむ基本的人権を確立する、資本の経済活動に「公共の福祉」による制限を加える、あらゆる領域での男女平等を実現する、軍隊と戦争を放棄するなど、その内容は、弾圧によって一九三五年前後に全国的な運動を終えねばならなかった、戦前の労働者運動の水準を大きく超えるものになっています。

たとえば憲法九七条は「この憲法が日本国民に保障する基本的人権は、人類の多年にわたる自由獲得の努力の成果であつて」とありますが、戦前日本には「自由獲得の努力」を行った国民はほんの一握りでした。多くの国民が起ち上がって時の権力から主権や人権を勝ち取るという歴史的な経験が、日本にはないのでした。そのことが憲法の内容に対する理解の不十分さを生み、たとえば生存権は国が守ることが明記されていながら「自己責任だ」と迫られると腰が砕けてしまう現代日本の国民にも、それが引き継がれていると思います。

そういう理解の弱さにもかかわらず、国民多数がこれを支持したのは、そこに戦争の放棄が記されていたからでした。その後、アメリカの対日占領政策が転換し、自民党はじめ日本の支配層が何度も改憲を企みますが、今日までこれが守られてきたのは、その争点がつねに九条だったからでした。

その中で、戦後には憲法を学び、その理念を体得していくことが労働者運動の重要課題となります。一九六〇~七〇年代には「憲法を暮らしの中に生かそう」という垂れ幕を府庁にかかげた京都の蜷川府政をお手本として、全国各地に九条だけでなく、教育や労働、医療、福祉の充実など、憲法の全体を政治の理念に活かそうとする地方政治がつくられます。自治体ごとに「市民と野党の共闘」の地方版がつくられて、各地の選挙で勝利しました。野党の中心は社会党と共産党で、一九七五年には、全人口の四三%がそうした自治体に暮らすまでになったのでした。しかし、後に蜷川氏が嘆いたように、憲法がなかなか市民に浸透しない現実もあり、一九八〇年の「社公合意」——以後共産党とは連携しないとした社会党と公明党の合意――によって、社会党はこの共闘から脱落します。二〇一七年の総選挙で、民進党が丸ごと希望の党に合流する動きが起こった時、各地の市民運動はこれを食い止める役割を果たしましたが、一九八〇年の当時には、市民はまだその力をもっていませんでした。

日本国憲法段階の運動へ

結局、革新自治体は次々と崩れていき、一九八〇年代は「共産党をのぞくオール与党」という政党配置の時代となります。そして、ソ連崩壊をきっかけとした資本主義万歳論の大合唱の後、九〇年代には「構造改革」――非正規雇用の拡大と社会保障の「自助」化――、日米安保の適用をアジア・太平洋地域に拡大、「日本会議」の結成など右翼勢力の台頭、自民党政治の延命を目論んだ小選挙区制の導入、「勝ち組、負け組」論など国民に対する自己責任論の強要が開始され、二〇〇〇年代には、こうして破壊された日本の現状に見合った「現実的」な憲法づくりが、日本国憲法を理想論だと嘲りながら提起されました。

その途上、二〇〇四年に「九条の会」が結成されます。久しぶりに大きな市民運動が展開されました。全国に七五〇〇の「会」をもつまでに広まったこの運動は、改憲をめぐる世論を大きく転換し、〇七年には安倍政権を退陣に追い込みます。自民党政治の行き詰まりは深刻で、〇八年には民主党中心の連立政権が誕生します。しかし、この時は、民主党にも市民運動にも新しい政治の構想は熟しておらず、東日本大震災に適切な対応ができなかったこともあって、二〇一二年には自民党安倍政権が復活します。そこから「オール沖縄」の共闘をはじめ、この政権の暴走を食い止めるための様々な運動が成長し、安保法制（戦争法）が強行された二〇一五年末にはいよいよ「市民連合」が立ち上がります。こうしてふり返ってみると、とりわけ二〇〇〇年代に入ってからの市民運動、労働者運動の発展は急速でした。

「市民連合」の画期的意義は、それが安保法制の廃止、立憲主義の回復にとどまらず、個人の尊厳を尊重する政治の実現を大きく課題にかかげたことでした。九条を中心に据えながらもそれにとどまらず、民主主義や人権を正面からかかげ、地方政治ではなく国政の転換を目指した大きな市民運動は戦後初めてです。その取り組みは二〇一七年の総選挙時点で、立憲野党との間に次のような合意を生みました。

①安倍政権が進める九条改正に反対する、②特定秘密保護法、安保法制、共謀罪法などを白紙撤回する、③福島第一原発の事故検証のないままの再稼働を認めない（2018年

には原発ゼロで合意）、④森友・加計学園、南スーダン日報隠蔽疑惑を究明する、⑤保育、教育、雇用に関する政策を飛躍的に拡充する、⑥八時間働けば暮らせる働くルール、生活を底上げする経済、社会保障政策を確立する、⑦ＬＧＢＴ（性的マイノリティー）への差別解消施策をとり、女性に対する雇用差別や賃金格差を撤廃する。

そこには日本国憲法を支える基本理念の多くが含まれています。制定当時にはなかなか理解が及ばなかった日本国憲法全体の理念に、労働者・市民の意識がようやく追いつき、これを全面的に実現しようとする運動が起こっている。これは戦後史の中でも画期的な出来事です。日本国憲法段階の市民運動、現代的な市民革命がようやく日本にも始まったと言っていいでしょう。

労働者運動と今日の市民運動との関係ですが、「市民連合」の中に幅広く手をつないだ中に労働組合が加わり、官邸前など多くの現場で労働組合が活躍しています。それだけでなく、そもそも日本の市民の八割は労働者とその家族です。学生も専業主婦も同様です。市民運動と呼ばれるものの主な担い手は労働者とその家族なのです。その点では、労働組合運動だけが労働者運動でないことを確認しておくことが大切です。労働者は、組合活動もすれば政党の運動もする、選挙活動もする、消費者運動を行うこともあれば、環境保護団体に加わることもある。労働者の運動はそのように様々な分野、様々な領域で、様々な形をとって展開されるもので、現在の市民運動についても同じなのです。つまり、今日の日本国憲法段階の市民運動は、日本の労働者たちのそこまでの成熟を示すものでもあるわけです。

先の七項目の合意は――それは今後、連立政権の構想に向けて、ますます豊富化していくでしょうが――、日本社会のあり方を、平和と民主主義、人権尊重などの理念の実現に向け、多数者の合意のもとに修正、改良しようとするものですが、それはマルクスが『資本論』で、労働者が自身と家族の命と健康を守るために闘う力を身につけていかざるを得ないとした第一の課題にそった労働者の発達を示すものに他なりません。同時に、日本には、先に見たように、「異端」から本道へ、マルクス等の基礎理論の究明にあってはきわめて先駆的な労働者政党があり、それはマルクスのいう労働者の発達の第二の課題を担うものとなっています。

「マルクスは何者であり続けてきたか」を、日本社会という立場からとらえ返すならば、それは社会発展の内実をもっとも正確にとらえる理論であり続けてきたと言えるのではないかと思います。

主義という言葉、未来社会の呼び方

ご質問をいただきましたので、最後に少しだけ追加しておきます。「マルクス主義」は「労働者階級の解放」をめざす、はっきりとした目的をもった運動という意味では、主義主張としての意味をもちます。しかし、その主義主張は、現実社会の発展法則にかなったものでなければ実現せず、したがってそれは徹底的に科学にもとづいたものでなければならないとも考えます。エンゲルスの本に『空想から科学への社会主義の発展』という有名なものがありますが、机の上で練りあげた理想の実現をめざす空想的社会主義に「科学的社会主義」を対置したのはそういう意味でのことでした。

つまり、例えば、ぼくはこれこれの主義をもっているからああいう改革を目指すというのではなく、今の社会がかかえる問題——たとえばブラック労働、平和の危機、災害対策の遅れなどなど——の解決を重ねていけば、社会はこういう方向に発展せずにおれないでしょ、だからできるだけ犠牲の少ないうちに、無駄なくその発展を促進したいとする、そういう姿勢ということです。社会科学による究明の到達にもとづく主義主張です。そこでは分析の科学性、妥当性が命となります。

その時、難しいところだとぼくが思うのは、こういう政策を実現しましょうとか、こういう共闘を発展させましょうとか、そういう目前の政治に関する主義主張と、それを根底で支える社会科学の到達をひとくくりにして「マルクス主義」とか「科学的社会主義」のように、「主義」という言葉で表現するのがどこまで適切なのかということです。「主義」と「科学」はどこまで親和的に見てもらえるのかということです。ぼくの同僚の学者の中にも、単純化していえば「マルクス主義＝マルクスは何でも正しい主義」と理解している人たちがいます。「主義」が「原理主義」と読まれてしまうのです。妙案はないのですが、ここは大切な課題として意識しておくべきポイントだと思います。

もう一つは、未来社会の問題でした。マルクスは未来社会のことを社会主義とか共産主義といった言葉で表します。しかし、それをより厳密に表現しようとする時には「結合的生産様式」といった言い方をします。実は『資本論』の中には社会主義、共産主義という言葉はほとんどなく、未来社会については、人々が自発的に結合しあう経済にもとづいた社会といったところに力点をおく表現が繰り返されています。先にふれた「共同的生産手段で労働し、自分たちの多くの個人的労働力を自覚的に一つの社会的労働力として支出する自由な人々の連合体」というのもその一つです。

そこがどういう関係になっているかというと、マルクスの時代に社会主義、共産主義という用語は「労働者階級の解放」を実現する社会といったような意味で、すでに広く使われていたわけです。ですから、マルクスもその言葉を使ってものを考え、語り合います。しかし、人によってその言葉で表現されている社会の内容は様々でした。ですから、マルクスには、マルクス流の社会主義、共産主義の内容を示す必要が出てくるわけです。人々の連帯に重きをおいた表現である社会主義、人々の協同や自治に重きを置いた表現である共産主義、フランスでは主に社会主義が使われ、ドイツでは主に共産主義が使われていました。そこでマルクスやエンゲルスは語りかける相手に応じて、これを使い分けてもいます。

社会主義を共産主義の低い段階、共産主義はその高い段階という具合に、両者を資本主義の次にくる社会の発展段階の相違をあらわすものとして区別したのはレーニンです。『国家と革命』という本でそれが主張されました。しかし、マルクスには、二つの言葉をそうした発展段階の相違に対応させる用語法はありません。

相変わらず長くなってしまいましたが、それでも昨日よりは短いですか。長時間、ありがとうございました。

批評

現実から生まれた理論、外部から来た理論

内田樹

まことに多岐にわたったお話を伺いました。ありがとうございます。僕が社会理論に関して個人的に思っていることについて一言お話して、石川先生へのコメントにしたいと思います。

何回も甦るというマルクス主義の特殊性

どんな社会理論でも、その理論を語っている人、実践している人が生々しい現実と向き合っている時期と、そうでない時期があります。その理論が「生きている」時期と、「枯死している」時期と言い換えてもいい。理論が「生きている」ときは、その理論は、生身の人間の分泌する血や汗や涙のようなものによって「受肉」している。生身の人間が、その固有名において、自分の人生を賭けて、おのれの信じる理論や運動の正当性を担保しよ

うとしている。でも、ある程度の時間が経つと、生身の人間が理論の正しさの保証人にならなくなる。それはどんな社会理論にも起きることだろうと思います。最初は生身の人間の身体実感に担保されている理論が、人間という担保を失って、抽象論になってしまう。

マルクス主義の場合はそれが例外的なのかと思います。マルクス、エンゲルスという個人の生身の実感から始まった理論なのだけれど、理論的に純化して、生きている人間から乖離した後も、何度も繰り返し生身の実感を取り戻した。それがまた抽象化して、干からびた理説になり、それがまた生身の人間の関与によって賦活して……というふうに理論が成立してからこれまで何度も死と再生を繰り返してきた。そんな感じがします。

もしかすると、マルクス主義のいちばんの特殊性というのは、普通は創始者の実存に担保されている間だけは「生きていて」、やがて教義になって、原理になったりして、枯れ死にしてしまう理論が、一回限りで終わらずに、しばらく経ってから、また別の生身の人間が担保者、保証人としておのれの人生を差し出し、その人たちの血と汗と涙で、また理論が甦る。そういう生き死にを繰り返してきたことではないかと思います。これに類する社会理論を他になかなか思いつかない。近代の理論では、他にはフロイトくらいしか思いつきません。マルクスとフロイトの特徴は、しばらく時代が経って、学説として講壇的に教えられるようになった頃に、教条化に抗って、「マルクスに還れ」「フロイトに還れ」というタイプの異議申し立てが行われて、それによって一度は枯死しかけた理論がふたたび生命を取り戻すということを経験していることです。これはなかなか他に見ることができません。

機械にも顔がある

理論や思想の「生身」性ということについて、印象的な経験があります。それは昨年、『若者よ、マルクスを読もう』のツアー企画でドイツ・イギリスに行ったときのことです。あの旅で僕が個人的にいちばんおもしろかったのは、マンチェスターの産業博物館でした。一緒に行った方はご存じでしょうけれども、そこで我々は産業革命時代の巨大な紡織機械の現物を見学して、「こんなふうに紡織機械は作動していた」というパフォーマンスも見せてもらいました。

その時、そこで稼働している紡織機械が「邪悪なものだ」ということがはっきりと感じられた。リアルに邪悪なんです。機械なのに表情がある。剥き出しに暴力的で邪悪な表情をたたえて、人間を脅かしている。

「疎外された労働」という言葉をもちろん概念的には知っていましたけれど、産業博物館で目の前でごとごと動いている巨大な紡織機械を見た時に、「機械が人間に敵対して、人間に疎外された労働を強いている」ということが体感的にわかりました。

説明によると、「スカベンジャー（scavenger）＝屑清掃人」と呼ばれる職工たちが、動く機械の下にもぐり込んでいって、機械が遠ざかっている間に、隙間にたまった繊維のくずを掃き出して掃除するのですけれど、動作がもたつくと機械が戻ってきて、手足が切断されるほどの怪我をするという。その仕事をしていたのが児童労働者たちなのです。八歳とか十歳の子どもたちがこの機械の下に潜り込んで、気を緩めたら手足が切断されるような危険な仕事を強いられていた。その機械を見た時に、それをただ「資本家の強欲」と言って済ませることはできないと思いました。資本家たちが採用した紡織機械そのものがきわめて邪悪な表情を持っていたからです。

見たことがない人は信じてくれないかも知れませんけれども、機械にも顔があるんです。産業博物館には、いくつか紡織機械が展示されていましたが、中にものすごく禍々《まがまが》しい顔をしたものがありました。思わずその機械の顔を写真に写してしまったほどです。そして、その時に僕はラッダイトのことが少し理解できたような気がしました。

機械が労働者を収奪するわけではないが

ラッダイト運動というのは、ご存じの通り、産業革命の初期、一八一〇年代にイギリスで起きた機械破壊運動のことです。機械を壊す行為はその当時のイギリスでは死刑にあたる重罪でした。それほどの厳罰にもかかわらず、職工たちは機械を破壊した。でも、資本家の強欲に抵抗するためなら、別に機械を壊す必要はなかったはずです。工場を占拠したり、商品の搬出を妨害したり、帳簿を破いたりしても、操業を停止させることはできた。待遇改善のためなら、労働に関する法的規制を訴えてもよかった。でも、ラッダイトたちは機械を壊した。

マルクスはラッダイトには批判的でした。そんなものを壊してもプロレタリアの階級状況は改善されない。それよりはこの資本主義社会の搾取の構造そのものを批判の対象とすべきだとマルクスは説きました。もちろん、マルクスの言うことは正しいのです。アメリカの銃規制問題で全米ライフル協会がことあるごとに「銃が人を殺すのではない。人が人を殺すのだ」と言うのと同じで、「機械が労働者を収奪するのではない。資本家が労働者を収奪するのだ」とマルクスは言ったわけですけれど、ラッダイトたちは「機械が労働者を収奪する」のだと感じた。今のアメリカの銃規制論者たちはたぶん「人が人を殺すのではない。銃が人を殺すのだ」という言い方のほうにむしろ共感を覚えると思うのですけれど、ラッダイトたちの実感はそれに近かったのではないかと思います。

現に、ラッダイト運動に対して、左翼の社会理論家は「無意味な破壊だ」と批判する一方、シェリーやバイロンのようなロマン派の詩人たちはラッダイト運動に深い共感を示しました。文学者にはこの「感じ」がわかるらしい。

僕は高校生の頃にマルクスを読んでから、ラッダイト運動というのはまったくナンセンスなものだとずっと思っていました。でも、マンチェスターに行って、禍々しい顔をした紡織機械を見たとき、「これを壊したい」と思った労働者たちの気持がわかったような気がしました。この機械には人間に対する敵対的な面差しがある。機械を設計した人間たち、子どもたちが機械に手足を切断されるリスクを当然のように織り込んで工場の配置を設計した人間たちは、明らかに機械のうちに彼らの悪意を託していました。だから、あんな凶悪な表情をした機械を作ったのです。

先ほども、長い労働者たちの闘いのあとに、一八三三年に工場法が成立したという経緯を石川さんが話してくれましたが、その五〇年の中にはもちろんラッダイトの運動が入っています。ラッダイト運動は人間の生身の身体実感に基づいた運動でした。だから、多くの労働者たちが、理論もないし、綱領もないし、実効性もおぼつかないこの運動に身を投じた。指導者たちが何人も死刑に処された。その労働者たちの実感がその後の工場法の制定に結実した。僕はそういう順序ではないかと感じます。

例外的な知力の動機は「惻隠の情」

『資本論』は理論的な著作ですが、実際にはマルクスの同時代のイギリスにおける労働者階級の労働実態についての記述から始まります。その当時の労働者たちがどれほど劣悪な労働環境の中で、どれほど収奪されていたか、それが生々しく書いてある。

特に衝撃的なのは児童労働について書かれた部分です。マルクスの時代にも、その前にも、心ある社会運動家やジャーナリストたちがいて、児童労働や女性労働も実態を調べて、聞き取り調査をしていた。幼い子たちは六歳前から働かされていました。鉱山とかマッチ工場とか、まともに空気も吸えないような環境で働かされていた。幼い場合は六歳からそういう過酷な労働に従事させられた。もちろん学校なんて行きません。はやくに親元から引き離されて、タコ部屋みたいなところに詰め込まれて、朝から晩まで働かされた。幼い時から喫煙とか飲酒とか賭博とかの悪習を覚えて、二〇歳を過ぎたころには老衰して死んでしまう。そういう児童労働の実態について、僕たちはただ「非人間的な児童労働があった」と歴史の教科書で読んで、それで終わりなわけですけれど、マルクスの『資本論』にはその生々しい記録が「これでもか」というほどに列挙されている。

それを読むと、マルクスが彼の社会理論を生み出すことになった根本的な動機というのは、かたわらにあった苦しんでいる生身の人間の身体、傷つけられ、痛めつけられている人間の苦痛に対する「共苦（compassion）」の感情だったのではないかと思うのです。マルクスを駆り立てていたのは「惻隠の情」なんです。社会理論に生命力を吹き込むのは、そういう生々しい人間的感情なんです。リアルな人間的感情に駆動されて、理論はかたちを取る。感情の大きさによって、理論は大きく発展し、深化し、跳躍する。マルクスの理論はもちろんマルクスという個人の例外的な知性ゆえにかたちづくられたものであるわけですけれど、その例外的な知性が例外的な知力を発動することになった最大の動機は、同胞に対する「惻隠の情」だった。僕はそう思います。寝る時間もなく、身体を横にする空間もなく、呼吸できるだけの十分な空気量さえない環境で働かされていた労働者に対する痛切な惻隠の情が彼の理論の深化をもたらした。

だから、この「惻隠の情」という感情的な裏付けを失ってしまうと、どれほど立派で、整合的な理説も形骸化し、生命を失ってしまう。政治理論でも経済理論でも、およそ理論というものは、その内部的な整合性や「政治的な正しさ」だけではその価値はわからないのです。そうではなくて、その理論を生かすために、どれだけの数の生身の人間が、おのれの人生を賭けて、そこに投企しているか、それによって計量されるべきだろうと僕は思います。理論を活かすのも殺すのも、最終的には生身の人間がどれほどそこに関与するかだ、と。石川さんの話を聞いていて、そのことを強く感じました。

日本国憲法の本質的脆弱性

石川さんは憲法の話もされていました。日本においては自生的な労働運動、市民運動ができなかったことについて触れていましたが、僕もそう思います。それはたぶん「先に理論があった」からではないかと思います。

本来の順序なら、まずマルクスの場合のように階級的に苦しんでいる同胞に対する「惻隠の情」がある。そこから始まって「この状態を何とかしたい、そのためには何をしたらいいのか」というかたちで理論の構築が始まる。そして組織や運動とかが整備される。社会運動のいちばん根本にあるものは、身近にある人間の苦しみに対する「共苦の感情」だと思います。その苦しみに共感し、収奪と抑圧の構造を覆すためにともに闘ってゆく。自分たちの生活を少しでもより人間的なものに変えてゆこうとする。そういう隣人への共感から生まれた理論や運動はそれぞれの社会に固有の、自生的な、土着の、その社会の伝統に結びついたものになります。感情に裏づけられた理論や運動は強い。社会の根のところに繋がっていて、そこから生まれて来たもの、そこから滋養を汲み出してくるものは強い。

けれども、日本の場合は、そういう自生的・土着的な社会運動は少なくとも明治維新以降はあったことがありません。風儀としては存在しました。例えば、勝海舟、坂本龍馬、中江兆民、幸徳秋水は一種の師弟関係によって一筋につながっています。そのような反骨の系図が日本にも存在していた。この系譜が途絶することがなければ、日本の伝統的な武士的なエートスと近代的な市民感覚をともに備えたような、感情的に豊かで、風通しのよい社会理論もあり得ただろうと思います。

けれども、この系譜は幸徳秋水が一九一一年に大逆事件に連座して処刑されたことで途絶えてしまう。自生的・土着的な市民社会論が熟成して、日本固有の社会主義理論に展開していく可能性は明治末年まではあった。けれども、政府の苛烈な弾圧によってその芽のうちに摘まれてしまった。

結局、日本の場合、明治維新もそうでしたし、一九四五年の敗戦もそうですけれども、日本の社会のあるべきかたちを論ずる理論を自前で創り出すことができず、「既製品」をよそから導入して、それを改変加工することしかできなかった。日本国憲法の本質的な脆弱性はそこにあると思います。

求められるのは「憲法をわが身に添わせる」努力

でも、これは憲法だけにとどまらず、日本におけるすべての社会理論に共通する固有の弱さではないかと思います。明治の初めに、短期間のうちに欧米モデルを真似て作った近代国家の弱さと、日本国憲法下の立憲デモクラシーの弱さというのは、実は同質のものだと僕は思います。自分たちで、自分たちの感情と思念に基づいて、自分たちの言葉で、自分たちの文化的な伝統を素材にして、手作りしたものではない。よそからやってきたものです。せいぜい半製品を加工したに過ぎない。

明治維新のきっかけも、一八五三年に来航したペリーの砲艦外交によっていわば無理やり近代化を強いられたからです。外圧によって「強いられた近代化」でした。自生的な近代化とはものが違う。

たしかに、明治時代は、欧米の先行事例を学び、できるだけ人の手を借りずに、自分たちで近代国家を手作りしようと努めてはきました。でも、日本国憲法は、どう言いつくろっても「手作り」のものではありません。既製品です。外からやってきたものです。日本人の思想を日本人の言葉で書き記したものではない。われわれの国の憲法の原文は英語で書かれているわけです。

護憲派の弱さというのはそこから来ていると思います。自分たちの思想を自分たちの言葉で記したものではない憲法に基づいて、自分たちの思想と言葉を作り上げてゆくというプロセスそのものが逆転しているわけです。それに比べると、自民党改憲草案は論理的には支離滅裂で、近代市民社会の常識から大きく後退した、とても国際社会にお見せできるレベルではないものなのですけれど、そこに伏流している国家や国民についての思想は間違いなく起草した自民党員たちの生身から発したものです。彼らの欲望とか野心とか偏見とか怨恨とか、そういう生々しい感情が行間に露出している。手を触れると「ぐちゃっ」とした手触りがする。生臭い匂いがする。既製品ではない。自分たちの血と肉と骨を素材にして書いたものです。非論理的で、非倫理的な憲法草案だけれども、その非論理性・非倫理性はまぎれもなくある種の日本人たちに固有のものです。

でも、日本国憲法の方にはそれが感じられない。石川先生が指摘されたように、憲法の主導理念はニューディーラーたちの社会理論でした。占領時にGHQの民政局（GS）にいたホイットニー准将、ケーディス大佐を中心とするリベラル派の夢がそこにはこめられている。しかしそれはあくまでニューディーラーたちの夢であって、日本人の夢ではありません。もちろん、日本国民の多くはこの憲法を歓迎しましたけれど、「満腔の同意を以て歓迎した」ということと「手作りした」ということはまるでレベルが違う話です。だから、ほんとうなら日本人はこの既製品の憲法を自分の身の丈に合うように縫い縮めたり、継ぎ足したりして、「憲法をわが身に添わせる」努力をしなければならなかったのです。そういうことをわれわれは求められてきたのです。でも、そういう努力は実際にはほとんど行われてこなかった。

憲法と現実との乖離をめぐって

建国の理念を掲げた文書と、その国の現実に大きな乖離があるというのは別に珍しいことではありません。フランスの人権宣言だって、アメリカの独立宣言だって、そこに掲げられた理想は、その時点でのフランスやアメリカの社会の実情を映し出していたわけではありません。そういう社会を創り出してゆきたいという願望を示したものに過ぎません。

独立宣言は「すべての人間は生まれながらにして平等である」という文言から始まりますが、奴隷制が法律上廃止されたのはその九〇年後ですし、公民権運動は奴隷制廃止のさらに一〇〇年後です。でも、独立宣言の文言と現実の間に乖離があるから、「空文」であるところの独立宣言を廃して、現実に合った条文「すべての人間は生まれながらにして平等ではない」に代えようという主張をなした人はいません。それは理想と現実の間に乖離がある場合には、現実を改変して理想に近づけようとするのが世界の常識だからです。理想も指南力を持ちうる。それは、そこに掲げられた理想が、その時点での現実とは乖離していたとしても、その理想を語る個人の内面には確かな感情的な根拠を持っている場合です。「すべての人間は生まれながらにして平等である」というのは歴史的現実ではないけれども、「すべての人間が生まれながらにして平等であったらどんなによいか」という願望は宣言起草者たちの心の中にリアルに存在した。「理想の現実性」を担保しているのは、理想を語る人の心の中にある思いの厚みや確かさなのです。

日本国憲法の場合も、理想と現実の間には乖離があります。でも、どうすれば現実と乖離した理想が現実を改変するだけの指南力を持ちうるか、ということを護憲派は問うてこなかった。どうすれば理想が現実を領導し得るのか。どうすれば憲法が掲げる理想が国民のうちに感情的根拠を持つようになるのか。その問いが憲法問題のかんどころだったのではないかと僕は思います。

それは今の話に即して言えば、まず憲法がめざす社会の理想的なありかたについて、国民ひとりひとりが「強くそれを望む」ということがなければ始まらない。憲法と現実の間に乖離があるのは、世界中どこでもそうだから、そんなことは改憲の口実にはなりません。問題は、憲法という「空文」が掲げる理念が国民のリアルな願望に対応しているかどうかということなのです。憲法には、「日本がこういう国だったらよいな」と日本国民の多くが思えるような社会のかたちが願望として投影されているのかどうかということです。

感情的な実感こそが現実を変える力

石川さんが言ったように、社会権というアイディアはそもそも敗戦時の日本人の中には概念としてさえ存在しなかった。日本のふつうの市民たちの脳裏にはかつて浮かんだことのないアイディアだった。それがなんと自分たちの憲法には書かれている。ということは、社会権というアイディアは人として当然の要求であり、自然権なのだということを日本人が本当に実感できない限り、憲法に書かれた社会権が現実化するということは起きないということです。憲法条文にそう書いてあっても、日本人自身に「社会権がなければならない」という切実な心的要請がなければ、現実にはならない。

憲法二五条の「すべて国民は、健康で文化的な最低限の生活を営む権利を有する」という生存権を定めた条文を読んでも、たぶん日本国民の相当数はこんなのはただの空文であって、こんな話が実現するはずがないと思っている。今の政府中枢にある人たちが、平然と生活保護受給者への罵倒を行ったり、労働者保護法制の空洞化をめざしている様子を見ると、彼らにおいては社会権という一九世紀のヨーロッパに生まれた概念そのものが実感されていないということがわかります。

個人のうちにありありとした実感的な根拠を持たない理想や概念は現実改変の力を持たない。僕が先ほどから何度も繰り返し申し上げてきたのはそのことです。どんなものであれ「宣言」が現実変成力を持つのは、そこに書き込まれた概念に感情的な根拠がある場合だけです。現実的な根拠がなくても、感情的な根拠があれば、「心に思ったこと」が現実化するということは起こり得る。でも、「心にもないこと」は絶対に現実化しない。だから、日本国憲法が現実改変の力を持つためには、そこに書き込まれた概念について、日本国民自身が感情的な実感を持たなければ始まらない。実感として受肉した理念しか現実を変えることはできない。ただ、概念的に理解できただけというようなものは社会運動や組織を領導することはできない。

レヴィナス先生が自らを「マルクシアン」と呼んだ理由

理念を実感として受肉させること。これが何よりもまず日本国憲法に対する日本国民の正統的なアプローチではないかと僕は考えています。そして、それは、「マルクスに還れ」という読み直しの運動がこれまで繰り返し行われてきたことにも通じるのではないかと僕は思います。

マルクスという生身の人の生活体験、身体実感を滋養として生まれてきた社会理論が、生身の人間を離れて、抽象的なものとして綱領化・教条化したときに、形骸化し空文化した。だから、それを蘇生させようとする運動はつねに「読み手自身の生活実感や身体実感に基づく読み」から始まります。マルクス主義が綱領化・教条化すると、必ず自分自身の生活実感、身体実感に基づいてマルクスを読み直す人たちが登場してきた。そして、その人たちがおのれの生活と身体をいわば「担保物件」として差し出すことで、そのつどマルクスは甦った。

僕は「マルクシアン(marxien)」という名乗りをしていますが、それはエマニュエル・レヴィナス先生の定義によれば「マルクスの思考をマルクスの用語を使わずに語る人」というものです。レヴィナス先生が「私はマルクシスト(marxiste)。ではなく、マルクシアンだ」と言ったときに、「不思議なことを言われるなあ」とその時は思いましたけれども、考えてみたらレヴィナス先生は本質的に「そういう人」だったのでした。後からそれに思い当たりました。レヴィナス先生はユダヤ教のタルムード学者で、亡くなるまでタルムード解釈の講義を毎週土曜日に行っていたからです。

タルムードの解釈学というのは、自分の生活実感、身体実感を担保物件として差し出すことで、聖句の意味を蘇らせる作業です。タルムードの原文そのものは文字通り「枯れている」のです。聖句の解釈を巡る古代のラビたちの論争がただ記録してあるだけで、ほとんど意味不明のものです。乾き切っている。この対話を生き生きとしたものとして賦活するのは、解釈者の生身です。解釈者が自分の生活と身体を賭けて一つのテクストを解釈する。人生経験や職業経験や家族とのかかわりや、そういう具体的な経験を通じて形成された唯一無二の個人として、全力をあげて解釈する。解釈者には解釈学的な知識だけでなく、生活者としての経験知が求められます。聖句の解釈の唯一無二性を保証するのは、その解釈が、他の誰もその人の人生を代わって生きることのできない「かけがえのない個人」によってなされているからです。

タルムードの解釈学はそういうロジックによって行われています。タルムード解釈学の前提にあるのは、自分たちの目の前にある所与の聖句、叡智に満たされた聖なる記号がさしあたりは意味不明のものにとどまっているということです。それはほとんど枯死状態にあります。それを蘇らせるのは解釈者です。テクストに解釈者が自分の身体を与えることによって、枯れた植物に水を注いだ時のように、聖句は開き、意味が立ち上ってくる。個人の実存を賭けることによって、黙していた聖句をして語らしめる。これがユダヤ人たちのテクストについての取り組み方です。

レヴィナス先生は子どもの頃からタルムードに親しみ、戦後は師に就いて本格的にタルムード解釈学を学んだ人ですので、たぶんどんなものであれ、すぐれたテクストについてはタルムードと同じアプローチが有効だろうと考えたのだと思います。だから、マルクスのテクストが正しく「叡智の書物」であるなら、それを読解可能なものにするためには、読み手は自分の実存をそこに賭けなければならないということになります。自分の人生、自分が生きていたすべての経験を、自分が味わったすべての感情を素材にして、テクストを解釈する。そうすることによって死文化し、形骸化している叡智の書物を賦活する。

テクストと読み手＝解釈者の間には、そういうダイナミックで相互的な関係があります。あるテクストの中にもし学ぶだけの甲斐のある知恵が隠されているのなら、それを引き出すためには、自分の言葉でそれについて語らなければならない。「マルクスの叡智を私は私の言葉で語る」という思いを込めて、レヴィナス先生は自らを「マルクシアン」と呼んだのだと思います。

マルクス主義に科学性はある

石川さんが今やっていることというのは、マルクスの知恵を、どうやって現代の日本人の身体実感とか生活実感に地続きで連なるようにするのか、現代日本人が理解できる枠組みの中で、どうやってマルクスの思想をかたちあるものにしてゆくのかという問題意識に貫かれてのことだと思います。それはもうかつてのように、マルクスの言葉を教条的に繰り返して、それを暗唱してみせるということとはまったく違う。むしろ、どうやってマルクスの知恵を、現代の日本人の生活文化の中に着床させて、そこに根を下ろして、そこから芽を出すような仕方で解釈するか。おそらくそういうことを石川さんは考えていらっしゃるのではないかなというふうに思いました。

でもそれが、「主義」になるといけないんですね。「ナントカ主義」という科学はありえませんから。科学性の定義はカール・ポパーが言う通り「反証可能性」ということなわけです。仮説を提示する、実験をする、反証事例が出て来る、仮説を書き換える……というプロセスの「終わりなさ」が科学性を担保しているわけです。最初に提示した仮説が現実で反証事例に遭遇した場合に、仮説そのものを刷新できるかどうか、そこが科学のかんどころなのです。仮説はつねに不完全であって、誤謬や欠損を含んでいるということは科学の前提なんです。だから、反証事例の提示があったら、より適用範囲の広い、よりシンプルな仮説に書き換えて、以前の仮説はせいぜいその「より包括的な仮説」の一部分として残される。その自己刷新能力、自己再生能力が科学の科学性を担保している。だから、僕はマルクス主義には科学性はあると思います。石川さんみたいな人が「『主義』がよくないんだよね」というところを見ていると、「科学性、あるな」と思います。

ヨーロッパでは「コミューン」が実態として存在するから

そういう角度で見ると、「共産主義」という言葉も誤解が多いと思うんです。もともと「コミューン」という語はヨーロッパでは政治的実態として存在するわけです。フランスやイタリアでは基礎自治体は「コミューン」と呼ばれているわけですから。近代以前から存在して、今ももちろんある。ヨーロッパの人は「コミューン」主義と言えば、そのような歴史的実体をまず思い浮かべるけれど、日本にはそれに類するものがありませんからね。

コミューンの特徴はサイズがばらばらということなんです。いちばん大きいマルセイユは一〇〇万人ぐらいの規模だし、いちばん小さいコミューンは数十人規模です。ただ、すべてのコミューンは、同じように市議会があって、市長がいて、市庁舎がある。基礎自治体としてのコミューンは国内に何百と存在していますが、それはこれがキリスト教の教区をベースにして自然発生的にできた政治単位だからです。すべてのコミューンは街の中央に教会がある。教会の前に広場があって、広場を挟んで向かいに市庁舎がある。この構造はどのコミューンでも変わらない。サイズはいろいろだけれど、基本的な構造は変わらない。

コミューンをコミューンたらしめているのは、とりあえず「この中にいる人たちは自分の同胞である」という実感です。それは実感だから、機械的に決めることができない。面積や人口数や法人数や税額のような数値的・外形的な条件で線引きをして決めることができない。それぞれの地域における集落形成の歴史的な条件や、自然環境や、生活文化などによって決まるからです。でも、とりあえず中心にあるのがキリスト教なのです。その宗教共同体をベースにしてコミューンができる。

マルクスたちはもちろんあのパリ・コミューンの闘いを具体的なかたちとして知っているわけです。パリ・コミューンのような政治形態をめざすのが「コミューン主義」だということについては同意が形成されていた。でも、パリ・コミューンをかたちづくったパリの市民たちは「ここからここまでの地域にいるものは自分たちの同胞であり、一つの運命共同体をかたちづくっている」という実感を伝統的に持っていた。もしそれまでとは全く違う、新しい政治単位を創造するのだとしたら、「コミューン」なんていう手垢の付いた言葉は使うはずはありません。すでに存在する共同体である「コミューン」という語をあえて使ったということは、これは何百年もずっと続いている行政単位の一つの延長であり、「かたちは違うけれど、本質的には同じものだ」と言おうとしたということだと思うんです。「ここにいるのは同胞である」、「同胞たちはお互いに助け合って生きなければならない」、「集団の中心には自分たちが信じているものがある」、「集団の方針は全員の討議によって決する」といった、「コミューン」の条件をパリ・コミューンは満たしていた。だから、「パリ革命政権」とか「パリ市民自治区」とかいう新しい名詞を使わずに、「コミューン」という古称を名乗った。

一九世紀のヨーロッパの労働者たちが、新しい政治単位を構想するときに、伝統的な行政単位を表わす「コミューン」という語をあえて使ったのは、彼らがめざす未来の共同体は、これまでコミューンの延長上にあって、本質的には同じものだけれど、新しい歴史的条件の下で、新しい歴史的課題に応え得るものだという認識が共有されていたからだと思います。つまり王権や貴族の支配に服さない自由都市であり、また資本家によるプロレタリアの収奪を認めない相互扶助的な共同体である。そういうイメージを持っていたからだと思います。

日本での「共産」には実態がなく、イメージも喚起しない

ヨーロッパの「コミューン」の手触りの具体性に比べると、日本語の「共産」という言葉にはそういう歴史的実感が何もありません。「共産」なんていう言葉は日本語にはもと

もとないし、そもそも日本にはサイズの異なる宗教共同体が等格のものとして行政の基礎単位として機能したというような伝統がない。「共産」は漢字二字で出てきたただの抽象概念です。「コミューン」という語はヨーロッパの政治的文化において受肉しているけれど、「共産」は日本の文化的文脈の中で受肉していない。ヨーロッパの場合はコミューンという行政単位が現に目の前にあり、パリ・コミューンという政治的経験がある。だから「コミューン主義」という語について具体的なイメージを持つことができる。でも、日本の場合、「共産」も「共産主義」も単なる抽象概念であって、何の実態もないし、何のイメージも喚起しない。この差は決定的に大きいと思います。

「朝には漁師として魚を釣り、昼には狩りをして獣を捉え、夜には批評家として筆をとる」(「ドイツ・イデオロギー」フォイエルバッハの章)という有名なフレーズがありますよね。一人の人間が昼には自然に向き合う第一次産業に従事し、夜は知識人として知的活動をするというマルクスのアイディアと、毛沢東の紅軍兵士の理想像はもしかするとわりと近いものかも知れない。一人の人間が「自給自足」できるということがないと権力関係や搾取は避けることができない、そういうことを革命家たちは直感していたんじゃないでしょうか。石川さんはマルクスが共産主義のことを「結合的生産様式」と呼んでいるとおっしゃいましたが、そういうことじゃないのかなあ。

毛沢東が中国共産党の軍事組織としての紅軍を建設する過程で、とりわけ重要視してきたのは、兵士たちに分業をさせないということでした。紅軍もふつうの軍隊と同じようにいくつかのサイズの軍事単位が結びついたかたちで作戦行動をするわけですけれど、でも、専門家というものをつくらなかった。すべての紅軍兵士は、兵士であって、農民であって、教師であって、医師であって、技師でなければならない。僕はそのアイディアがなんとなく分かる気がするんです。非常に極端な表現だとは思うんだけれど、マルクスがコミュニズムということで考えていたことも——もちろん規模は大きなものになるけれども——、あるコミューンが特定の専門に特化していて、別のコミューンはまた別な専門に特化しているというかたちにしないということじゃなかったのか。それぞれの専門に特化した共同体みたいなものがあると、そのあいだで必ず貧富の差が出てきたり、権力関係が出てきたり、支配・被支配が出てきたりするのです。

タルムード解釈について

なお、会場にご参加の方から、タルムード解釈について質問がありました。「その解釈というのは、まったく個人的になされるものなのか、それとも相互に影響を与え合っているものなのか」というものです。最後にお答えしておきます。

もちろん共有されていくわけですけれども、タルムード解釈学では「ある聖句についての解釈が最終的に単一の一義的なものに帰着してはいけない」というルールがあります。カトリックの場合だと、ある聖句について複数の解釈が並立する場合には公会議が開かれて、単一の解釈が採択されて、公的解釈以外は「異端」として排除されます。でも、ユダヤ教では解釈は基本的にオープンエンドなので、公的な機関が「異端」を名指して、異端者を処罰するということがありません。

それでも、ある解釈は生き残り、ある解釈は消えてゆく。それについては歴史の風雪に委ねるというのがユダヤ教のやり方です。どの時代でも、偉大な律法学者はペアで登場してきます。一方の学者が「この聖句はこう解釈する」という説を立てると、必ず別の律法学者が出てきて「それは違う」と異議を申し立てる。そこで激烈な論争が展開する。タルムードというのはこの律法学者たちの論争そのものを記録したものなのです。どちらが最終的に正しい解釈であったかということは決定されない。ただ、より生産的な解釈というのはありうるわけです。後代のラビたちが繰り返し引用し、自説の論拠に引く解釈、広く人口に膾炙した解釈、学術用語で言えば「被引用回数の多い解釈」はより生産的な解釈だったということになる。

この議論は基本的に口伝なのです。今でも律法学者たちの間の解釈を巡る論争は続いているわけですけれど、それが活字になるのは、二〇〇年ぐらい経ってからだそうです。それくらいの歴史の風雪に耐えて、口伝で引用されるような解釈は「タルムードに収録する価値がある」と判定されて文書化される。ある種の知的権威が「正系」と「異端」を判定するのではなく、みんなに言いたいように言わせておいて、そのうち歴史の風雪に耐えて生き残ったものを「学ぶ甲斐のある解釈」として文字に残す。そういうシステムです。

聖職者同士で「おまえの解釈は間違っている」と批判し合うのかというご質問もありましたが、ユダヤ教に聖職者というものはいません。律法について専門的な勉強をする人はいますけれども、それはあくまで「学者」であって、キリスト教における「神父」や「牧師」や、仏教におけるような「僧侶」というようなものではないんです。「ラビ」というの「わが師」という意味ですから。

第四部

〈新華社への回答〉

『若マル』の著者が語る
生誕二〇〇年のマルクス

中国の新華社通信が、マルクス生誕200年企画として、『若者よ、マルクスを読もう』の著者二人にインタビューを行い、誕生日である5月5日に配信した。その質問と回答の全文である。タイトルは本書の独自のものである。

マルクスを読むことにはどういう意味があるのか

内田樹

〈問1〉『若者よ、マルクスを読もう』が出版され以来、日本ではベストセラーになり、中国でも大好評となり、愛読されています。その原因はどこにあるのでしょうか。なぜ資本主義社会の日本にはマルクス主義を愛読する人がこんなに多く存在しているのか、その原因は何だと思われますか。

日本では、マルクスは政治綱領としてよりはむしろ「教養書」として読まれてきました。つまり、マルクスのテクストの価値を「マルクス主義」を名乗るもろもろの政治運動のもたらした歴史的な帰結から考量するのではなく、その論理のスピード、修辞の鮮やかさ、分析の切れ味を玩味し、テクストから読書することの快楽を引き出す「非政治的な読み方」が日本では許されていました。マルクスを読むことは日本において久しく「知的成熟の一階梯」だと信じられてきました。人はマルクスを読んだからといってマルクス主義者になるわけではありません。マルクスを読んだあと天皇主義者になった者も、敬虔な仏教徒になった者も、計算高いビジネスマンになった者もいます。それでも、青春の一時期においてマルクスを読んだことは彼らにある種の人間的深みを与えました。

政治的な読み方に限定したら、スターリン主義がもたらした災厄や国際共産主義運動の消滅という歴史的事実から「それらの運動の理論的根拠であったのだから、もはやマルクスは読むに値しない」という推論を行う人がいるかも知れません。けれども、日本ではそういう批判を受け容れてマルクスを読むことを止めたという人はほとんどおりませんでした。「マルクスの非政治的な読み」が許されてきたこと、それが世界でも例外的に、日本では今もマルクスが読まれ続け、マルクス研究書が書かれ続けていることの理由の一つだろうと思います。

〈問2〉マルクス主義の日本への影響についてご説明いただけますか。特に現在の日本への影響について。

戦後の社会運動の多くはマルクス主義の旗の下に行われました。特に学生たちの運動はほとんどすべてがマルクス主義を掲げていました。ラディカルな社会改革のための整合的な理論としてはそれしか存在しなかったからです。しかし、六〇年安保闘争でも、六〇年〜七〇年代のベトナム反戦闘争でも、実際に日本の学生たちを深いところで衝き動かしていたのは反米ナショナリズムだったと思います。対米自立をめざすこの国民感情はその後「経済力でアメリカを圧倒する」という熱狂的な経済成長至上主義にかたちを変えて存続しました。もちろん、そこにはもうマルクス主義の影響はかげもかたちもありませんでした。

ですから、現代日本にマルクス主義がどう影響しているのかという問いには「政治的理論としては、ほとんど影響力を持っていない」と答えるしかありません。

日本共産党はマルクス主義政党ですが、選挙で共産党に投票する人たちの多くはその綱領的立場に同調しているというよりは、党の議員たちが総じて倫理的に清潔であり、知性的であり、地域活動に熱心であるといった点を評価していると思います。

ただ、日本では一九二〇年代以後現代にいたるまで、マルクス主義を掲げる無数の政治組織が切れ目なく存続し、マルクス主義に基づく政治学や経済学や社会理論が研究され、講じられてきました。マルクス主義研究の広がりと多様性という点では東アジアでは突出していると思います。マルクス主義者でなくても日本人の多くはマルクス主義の用語や概念を熟知しており、そのスキームで政治経済の事象が語られることに慣れています。それがわれわれのものの考え方に影響を与えていないはずがありません。

〈問3〉先生はいつごろからマルクスの著作を勉強し始めたのでしょうか。先生が考えられているマルクス主義の偉さを何点か挙げていただけますか。

最初にマルクスを読んだのは高校一年生の時です。『共産党宣言』でした。マルクスの著作で一番好きなのは『ルイ・ボナパルトのブリュメール一八日』です。これはロンドンにいたマルクスが、ニューヨークの友人に依頼されて、アメリカのドイツ語話者のための雑誌に書いた、フランスの政治的事件についての分析記事です。この入り組んだ執筆事情のせいで、マルクスの天才的な「説明能力の高さ」が遺憾なく発揮されています。同じ条件の下で、これだけ明快で深遠な分析記事を書くことのできたジャーナリストが果たしてその時代のアメリカやヨーロッパにいたかを考えてみると、マルクスの偉大さが分かると思います。

〈問4〉「マルクスを読めば人々がより賢くなる」とおっしゃいましたが、具代的な事例を挙げていただけますか。

クロード・レヴィ＝ストロースは論文を執筆する前に必ずマルクスの著作を書架から取り出して任意の数頁を読んだそうです。そうすると「頭にキックが入る」のです。この感じは僕にもよくわかります。マルクスを読むと「賢くなる」というより、「脳が活性化する」のです。マルクスの文体の疾走感や比喩の鮮やかさや畳み込むような論証や驚くべき論理の飛躍は独特の「グルーヴ感」をもたらします。マルクスの語りについてゆくだけで頭が熱くなる。いささか不穏当な比喩ですけれど、ロックンロールなんです。マルクスのテクストは。

〈問5〉マルクス思想を使って、現代社会における矛盾を解決する事例を挙げていただけますか。

マルクスの理論的枠組みをそのまま機械的に適用して解決できる矛盾などというものはこの世に存在しません。シャーロック・ホームズが難事件を解決した時の推理をそのまま当てはめても次の事件が解決できないのと同じです。ホームズから僕たちが学べるのはその推理の「術理」だけです。

僕たちはマルクスを読んで、広々とした歴史的展望の中で、深い人間性理解に基づいて、複雑な事象を解明することのできる知性が存在するということを知ります。そのような知性がもしここにいて、今のこの歴史的現実を前にしたときに、どういう分析を行い、どういう解を導き出すかということは自分で身銭を切って、自力で想像してみるしかありません。それはマルクスをロールモデルにして自分自身を知的に成熟させてゆくということであって、「マルクス思想を使って」ということではありません。

〈問6〉中国の若者たちが学校からマルクス主義に触れ始めています。マルクス生誕二〇〇周年を迎える今、中国の学生の皆さんに、または世界の若者たちに送りたいメッセージはありますか。

「マルクス主義に触れる」ということと「マルクスに触れる」ということは、まったく次元の違うことです。僕たちがこの本で若者たちに向けて語ったのは「マルクスを読もう」であって「マルクス主義を知ろう」とか「マルクス運動にコミットしよう」ということではありません。それもそれで価値ある政治的実践でしょうけれども、僕はマルクスを読むことの意味は「政治的」に限定されないと考えています。若い人たちが知性的・感性的に成熟して、深く豊かな人間理解に至るためにマルクスはきわめてすぐれた「先達」だということを申し上げているだけです。このアドバイスはどの時代のどの国の若者たちに対しても等しく有効だろうと僕は信じています。

資本主義の改革と本当の社会主義のために

石川康宏

〈問1〉どうして若者にマルクスを紹介しようと思いましたか。マルクス学説のどの部分を若者に知ってほしいですか。

いまの日本は豊かさが一部の人に集中し、多くの人にとって生きやすい社会ではなくなっています。とくに一九九〇年代以降に格差が広がり、社会の分断が深まりました。二〇代・三〇代の若者は、そうした閉塞の社会しか体験していません。その中で、この閉塞に耐えるだけでなく、よりよい社会をつくる道があることを伝え、その取り組みに参加することで、未来への希望を共有したいと思ってのことです。

マルクスの理論は多面的ですが、放置すればデータ捏造も過労死も引き起こす資本主義の仕組みや、その是正には労働組合の闘いや政治の改良が必要だとした経済理論や社会改革の理論を特に学んでほしいと思います。

〈問2〉『マルクスのかじり方』、『若者よ、マルクスを読もう』の内容を簡単に紹介いただけませんか。

『若マル』は二〇一〇年からマルクスの代表的な著作を内田樹先生との往復書簡の形で論じているものです。取り上げた著作は『共産党宣言』『ユダヤ人問題によせて』『ヘーゲル法哲学批判序説』『経済学・哲学草稿』『フランスにおける階級闘争』『ルイ・ボナパルトのブリュメール一八日』『賃金、価格および利潤』などになりました。三冊目はドイツとイギリスにマルクス縁の地を訪れ、旅先で行った対談をまとめたものになっています。マルクスの論じ方ですが、内田先生流にいうと石川がマルキスト、内田先生がマルクシアンというマルクスに対する姿勢の違いが絡み合うところも特徴です。石川がそれぞれの著作をマルクスの歴史に位置づけながら解説し、内田先生がその著作の「面白いところ」

を集中的に論ずるという役割分担も自然に生まれました。互いに意見の違いはあるのですが、それを尊重しあい、自分が考える材料として受け止める姿勢をもっています。政治的に何が正しいかを、その場で究明するといった息苦しさがないマルクス論ともいえるでしょう。

『マルかじり』は二〇一一年に石川の単著として出したものです。『若マル』よりさらに平易に、世界観、経済理論、社会主義・共産主義論、革命運動論について、成熟したマルクスの理論を紹介しています。マルクスをまったく読んだことがないゼミの学生と『資本論』の冒頭部分を一緒に読んでの「実況中継」も収録しました。

この本の韓国語版には「日本におけるマルクス受容の歴史から」を追記してあります。その点で日本には独特の歴史があるからです。レーニンが亡くなった直後に、スターリンは、マルクスを過去（一九世紀）のものとする「マルクス・レーニン主義」を定式化します。そしてこれを、コミンテルンを通じて各国の共産党に普及しました。その結果、各国にはゆがめられた「マルクス・レーニン主義」をマルクス（主義）の理論として扱う傾向が広まります。しかし、日本では一九七〇年代からその本格的な点検が始まり、マルクス本来の理論の再発見が進みます。『マルかじり』はその成果を反映した本にもなっています。

〈問3〉この二冊のご著作が日本でマルクスプチブームを起こしました、それは想定内のことでしょうか。今まで何冊売れたのでしょうか。このブームの背景は何だと思われますか。

『若マル』は今までに「番外編」をふくめた三冊で合計約五万部となっています。『マルかじり』は約一万部です。何冊売れるかは特に考えていたわけではありませんが、社会の側にそれなりに需要があったといえるのでしょう。

日本には、戦前からマルクスを自主的に研究してきた一定の歴史があります。経済学、歴史学、哲学などの分野では、戦後もそれが学問の世界に大きな影響力をもちました。その状況が大きく変わったのは、一九九一年のソ連崩壊によってでした。日本でも「マルクスは死んだ」という大キャンペーンが行われたのです。「ソ連＝マルクス（主義）の体制」「スターリン式のマルクス・レーニン主義＝マルクス（主義）の理論」というゆがんだ認識が一段と広められました。

その裏側で「すべてを大資本の自由にまかせよ」という新自由主義の経済学が、日本で一挙に広められたのもこの瞬間です。その弱肉強食の理念が「構造改革」という名前で政府の政策に具体化されました。その結果、一九九七年をピークに賃金と家計所得は低下し、貧富の格差が拡大しました。二〇〇七年には「働いても貧しいまま」という意味の「ワーキングプア」が流行語になります。そうした時代の変化の上に『若マル』と『マルかじり』は登場しました。年配の人にはマルクスの「復活」（ただし多くの人の目にかつてふれたものは「マルクス・レーニン主義」だった可能性が高いのですが）に見えるかも知れませんが、若い世代には、より過ごしやすい社会をめざす学問に初めて出くわす「新鮮な驚き」になっているのではないでしょうか。

〈問4〉中国、韓国にもすぐ翻訳されましたが、その背景は何だと思われますか。

韓国には政治の独裁体制を倒した労働者・市民の力があり、今もそれが平和や民主主義を求める強い運動をつくっています。しかし、韓国には一九八〇年代までの長い独裁体制下でマルクスの研究が抑圧されてきた歴史もあります。そこで社会の改革に関するこの理論的な空白を埋めたいとする渇望があるように思います。

中国についてはよくわかりません。しかし「マルクスはこう読むべきだ」という特定の視角からの教科書的な読み方だけでなく、それとは違う様々な読み方、研究があることに着目した結果であることを期待したいです。中国をふくむ人間社会の発展には、言論や学問の自由が不可欠で、市民一人ひとりの知的成長が不可欠ですから。

〈問5〉『若者よ、マルクスを読もう』は今続編も出て、続々編も出されるそうですが、その内容を少し教え頂けませんか。

四冊目は二〇一八年中に出版される予定です。この三月に京都の妙心寺というお寺で行った内田先生との「マルクスとアメリカ」「マルクス生誕二〇〇年」をめぐる対談が中心です。アメリカにおける強烈な反共産主義の歴史や、アメリカの共産党に対するソ連の影響力の強さなどが大きな話題になりました。往復書簡では『フランスにおける内乱』を取り上げます。五冊目はマルクスの主著『資本論』をテーマにしたものになりそうですが、具体的な内容はまだ決まっていません。

〈問6〉マルクスの学説がこれからの世界にもつ意義を教えください。

マルクスは人間の社会に段階的な発展の歴史があり、資本主義の社会も永遠ではないと考えました。そして資本主義経済は個々の資本による利潤追求を推進力としており、そこから貧富の格差が必然的に生まれることを究明しました。同時に、資本主義は生産手段を多くの労働者の結合によってしか利用できないものに変え、他方では長期的な労働時間の短縮に見られるように、むき出しの資本の論理を制御する労働者の闘う力を発展させもします。その内容を原理的に明らかにしたマルクスの研究は、資本主義の改革に取り組むあらゆる人々にとって依然として大きな意味をもつでしょう。

あわせて、マルクスの理論は、社会主義をめざす国の人々にとっても重要です。マルクスは、労働者や農民の代表が権力をもち、土地や大企業を国有化すればそれで社会主義が完成するとは考えませんでした。それはむしろスターリン流「マルクス・レーニン主義」の考え方です。マルクスは生産手段の所有や運用の主人公は国家権力ではなく、現場の生産者自身でなければならないと考えました。政治権力と一般市民の対立も消滅し、すべての人が自発的に結合しあうことで運営される社会を展望したのです。そのような社会では、高い生産力によって多くの自由時間が保障され、その時間をつうじて人はそれぞれの能力を多面的に発達させ、その力をまた自発的に結合させるという好循環が生まれます。マルクスはそういう社会を社会主義の社会として展望していました。

資本主義社会の改革にも、本当の社会主義社会をつくるためにもマルクスのとりわけ『資本論』の研究はますます大きな意義をもつと思います。

（インタビューへの回答を要約、整理したものです＝石川）

あとがき

石川康宏

いかがでしたか？　書き手の一人であるぼくとしては、なかなか面白い本になったと思っているのですが。

北海道から関西にもどる飛行機の中で、この文章を書き始めています。昨日は札幌で高校時代の友人と楽しく酒を飲み（四三年ぶりに会った友人たちと、すぐに打ち解けられるのは不思議です）、一昨日は釧路で「マルクス生誕二〇〇年と未来社会」という講演企画に呼んでいただいたのでした。

この講演のタイトルは主催のみなさんが決めたもので、市民向けに、こんなに真正面からマルクスを語る機会は、ぼくにもそうあるものではありません。人は集まるのかなあと、ちょっと心配もしていましたが、フロアにはなんと一四〇人を超える聴衆が。質疑の時間もふくめて三時間近く。どっしり濃密な企画となったのでした。

空港の近くに野生のたんちょう鶴の姿（羽が少し汚れている）があり、市街地に向かうクルマの前を獲物をくわえたキタキツネが横切っていき、夜は、海鮮と地酒がうまく、夕食の際にうかがったところでは湿地帯だからコメはできず、五年連続で人口流出がつづいている。そしてマルクスの話に一四〇もの人が集まってくる。ぼくの釧路はそういう街なのでした。


さてこの本は『フランスにおける（の）内乱』をめぐる往復書簡を別にすれば、本当は、たくさんの人数でアメリカへでかけ、あちこちを見学しながら、現地でしゃべったことをまとめてつくる予定で企画されたものでした。出版社と旅行社が一挙両得、一石二鳥をわけあうような、あるいは書き手もふくめて三方よしでもあったのか（ぼくは時差の大きな旅行は苦手なのですが）、同じようにドイツとイギリスにゆかりの地を訪ねた『マルクスの心を聴く旅』のパート二をねらったものでした。

しかし、柳の下に二匹目のどじょうは現れず、「最少催行人員」までの応募がなかった旅行はお流れとなり、それでは京都で小規模にと、妙心寺の大心院でお話をすることになったものがこの本の下敷きになっています。

二五年ほど前、ぼくは京都の花園に住んでおり、広い妙心寺はまだ幼かった子どもたちとの休みの日の散歩コースの一つでした。ですから、あの時には、お寺でマルクスという設定の不思議さとともに、昔のいろんなことを思い出して、少し気持ちが若くなったような、逆に時の流れを実感させられたような、そちらの不思議も感じながらの話となったのでした。

話したことを文字にする時には、ぼくはいつも相当大きく中味をかえてしまいます。内田先生もそうですね。話した時にはそういう話がしたかった。あるいは、そこまでしか話せなかった。でも、少し間があって、いざ書く段になるとこういうことが書きたくなった。こういうことが書けるようになっていた。そういう時には、時々の自分の関心や意欲にしたがって書いていくと。それがぼくの自然な流儀になっています。

京都でのアメリカ話では、フォスターの本にはほとんど何もふれませんでした。そこは今回まるごと追加してあります。マルクスなにもの話では、スターリン流「マルクス・レーニン主義」をあらためて話の軸にすえてみました。それによって話の筋道がずいぶん大きくかわっています。京都でしゃべったのが三月末で、今回、本にまとめているのは七月末から八月です。その四か月の間に、ぼくなりに何かの整理が進んだということにしておきます。どちらも大変でしたが、楽しい仕事でした。

いま確かめてみると『若者よ、マルクスを読もう』（2010年）の内田先生との最初の書簡は、二〇〇九年に往復しています。気がつけば、若マル仕事は今年でもう一〇年ということですね。長いですね。よくつづいたものだと思います。途中、エンゲルスの巻を出そうとか、いやそれはもういいんじゃないといった話もありながら、このシリーズはいよいよ最後の『資本論』往復書簡に向かっていくことになるようです。

『資本論』だけで一冊にするには、書簡をいくつ書かねばならないのだろう。そんなことをぼんやり考えていたところ、そのあたりにまた出版社と旅行社による一挙両得の企てがあるとの噂が届いてきました。ぜひ書き手もふくめた三方よしに収めていただきたいものだと思います。

では、みなさん、またお会いしましょう。

内田樹（うちだ・たつる）

1950年生まれ。東京大学文学部仏文科卒業、東京都立大学大学院博士課程中退。現在、神戸女学院大学名誉教授。専門はフランス現代思想、映画論、武道論。主な著書に、『私家版　ユダヤ文化論』（第6回小林秀雄賞）、『日本辺境論』（2010年新書大賞、第3回伊丹十三賞）など。

石川康宏（いしかわ・やすひろ）

1957年生まれ。京都大学大学院経済学研究科後期博士課程単位取得退学。現在、神戸女学院大学教授。専門は経済学、経済理論。主な著書に、『「古典教室」全3巻を語る』『マルクスの思想を今に活かす』（共著）、『マルクスのかじり方』、『理論劇画マルクス「資本論」』（協力）など。

若者よ、マルクスを読もう　III
アメリカとマルクス――生誕200年に

2018年9月21日　第1刷発行

発行者　竹村正治
発行所　株式会社　かもがわ出版
〒602-8119　京都市上京区堀川通出水西入
TEL 075-432-2868 FAX 075-432-2869
振替　01010-5-12436
ホームページ　http://www.kamogawa.co.jp
印刷所　シナノ書籍印刷株式会社

ISBN978-4-7803-0984-3　C0030